LE SON DU SILENCE

H.J. LIM
avec la collaboration de Laurence Nobécourt

LE SON DU SILENCE

ALBIN MICHEL

À tous ceux
qui vivent loin de leur terre.

« Il n'est pas possible de vivre éternellement en dehors de la patrie, et la patrie, ce n'est pas seulement un coin de la terre ; c'est aussi un ensemble de cœurs humains qui recherchent et ressentent la même chose. Voilà la patrie, où l'on se sent vraiment chez soi. »

Vincent Van Gogh
Lettre à son frère Théo

MOI QUI n'ai jamais été enfant, j'entre dans la salle immense du Royal Albert Hall à Londres. Ils sont des milliers. Là. Avec leurs corps vivants venus entendre, sentir, respirer par les notes le souffle de Dieu. C'est cela que je sers. C'est mon désir de toujours.

Je salue le public. Les applaudissements s'estompent. Un homme tousse. Le piano attend. Je m'assois. Et alors, il y a la musique. Et tout advient. La musique, c'est eux, c'est moi, c'est vous, c'est nous qui cherchons le silence.

Je n'oublie rien, tout est là, j'ai chaud, j'ai soif, je dois aller là où l'on ne va pas, je dois retrouver tout ce que l'on ne sait plus, ce qui fut perdu, le ramener, tout ce en quoi l'on a cru ; je veux bien mourir, prendre le risque, être nue, parce que j'ai l'espérance de cet immense lac de silence frais où mon corps essoré par la joie s'abandonne. Cela arrive parfois. Alors, c'est la vie parfaite qui tend sa paume et caresse ma joue baignée de larmes. Je me rencontre, il n'y a plus rien à craindre, la lumière est là que jamais l'ombre ne saura éteindre. La lumière, la musique.

Ce qui fut blessé, la tristesse dans les poumons gorgés de peine, tout s'efface. J'entre dans le monde par l'intérieur, et je suis libre. Libre.

En Corée

La liberté. C'est en son nom qu'à l'âge de douze ans, je décide de tout abandonner pour aller vivre en France. Je laisse en Corée ma famille, mes amis, ma terre. Parce que j'ai un rêve. Un rêve de liberté qui, pour moi, a pris dans mon enfance le visage d'un piano. Celui que je rejoins quotidiennement dès l'âge de trois ans dans l'institut à quelques rues de chez moi.

Je ne vais pas à l'école maternelle. Je vis en osmose avec ma mère qui me garde près d'elle. Une cousine cependant est venue chez nous, qui lui a suggéré de m'inscrire au piano. C'est une pratique courante en Corée. La plupart des familles possèdent un piano droit et l'on apprend aux enfants à jouer tout comme on leur apprend à lire, car en utilisant les deux mains on développe les deux parties du cerveau. À Anyang, où je suis née, à quelque trente kilomètres de Séoul, ces instituts de piano sont disséminés à chaque coin de rue, comme dans toutes les villes du pays. Ma famille n'est pas musicienne, la musique classique lui est une étrangeté, et les noms de Mozart ou de Beethoven font partie des espèces inconnues. Et pourtant, le piano est ma langue première. J'ai appris à en jouer avant d'apprendre à lire et à écrire. Je découvre les notes avant les chiffres et l'alphabet. Elles sont pour moi comme des pousses de soja en noir et blanc qui dansent sur les partitions. De petits êtres vivant dans les appartements circonscrits que sont, à mes yeux, les lignes musicales. C'est un monde, vers lequel je retourne toujours malgré l'air austère de ma professeure de piano. Elle est belle, grande, la peau très blanche, mais son regard sévère m'effraie. Tout comme cette exigence que je ressens en moi à l'égard du piano. Car c'est de cela qu'il s'agit. Le piano m'initie au devoir. Une étrange intuition m'habite : celle que cet instrument est lié à mon destin. Et même si je n'y travaille qu'une heure par jour, il n'est pas rare que ma mère me découvre en larmes, lorsqu'elle vient me chercher à l'issue de mon cours. Cependant, je veux y retourner, malgré la rigidité de ma professeure si sévère. Car je comprends qu'il y a en elle quelque chose qui agit pour « mon bien ». Il m'est impensable d'arrêter. Le piano est plus fort que moi. Or ma mère me soutient dans tout ce que je souhaite.

C'est à cause de son *taemong*, son rêve prémonitoire de naissance. Cette tradition fait partie de la coutume coréenne transmise oralement à travers de nombreux récits populaires. *Le taemong* ne renseigne pas seulement sur le sexe de l'enfant mais aussi sur sa nature et son destin. Par superstition, seuls la mère et l'enfant partagent le contenu de ce rêve.

Ma mère a eu son *taemong* pour chacun de ses enfants. Qui s'est révélé vrai chaque fois pour mes trois frères aînés. Depuis toujours, ses différentes entrevues avec sages et médiums lui ont annoncé qu'elle aurait un « enfant dont le destin fera écho hors de la Corée ». À dix-sept ans, lors d'un premier rendez-vous avec un sage, elle ne l'a pas cru. Non plus lors des rencontres qui ont suivi. Quand on est née dans un petit village du Sud, se rendre à Séoul représentait déjà une folie en soi. Alors, imaginer une vie à l'étranger…

Or, à l'âge de trente-six ans, un *taemong* lui confirme les dires des anciens. Son corps ignore encore qu'elle est enceinte mais son esprit le sait, et le lui dit. Ses trois fils sont grands, son mari a déjà plus de cinquante ans. Elle ne pense plus à enfanter. Mais les rêves, elle ne peut pas ne pas y croire, elle qui est fille d'une grande pratiquante bouddhiste en relation depuis toujours avec le monde invisible.

Dernière d'une grande fratrie, elle ne s'est jamais lassée de raconter cette enfance bénie dans le sud de la Corée, où sa mère menait une véritable vie de bodhisattva. Un jour, son fils – mon oncle –, alors âgé de onze ans, rentre de l'école en passant par la rivière pour jouer avec les poissons. Il pose son cartable contre un arbre et se laisse absorber par le miroitement du soleil qui crée d'étranges lumières dans le reflet des écailles. Au moment de rentrer chez lui, son cartable a disparu.

Il parcourt en pleurs les trois kilomètres le séparant de sa maison, angoissé à l'idée de ne pouvoir faire ses devoirs pour le lendemain.

Sa mère – ma grand-mère – est en train de tisser du chanvre depuis un long moment avec l'une de ses belles-filles. Elle interrompt son ouvrage à l'arrivée de son fils et, sans attendre, se rend, accompagnée de ce dernier, chez un vieux couple qui vit non loin de là avec leur enfant âgé d'une vingtaine d'années. Heureux de recevoir celle que sa réputation de sage et de guérisseuse précède, le couple l'accueille avec chaleur. Mais elle les interroge sur l'emploi du temps de leur fils et, lorsque le garçon se présente, ma grand-mère lui demande simplement de rendre le cartable qu'il a pris. Il nie. Elle insiste, lui indiquant même le lieu où il a caché l'objet après avoir coupé des arbres dans l'après-midi, ce que ses propres parents ignorent. Faut-il qu'elle aille le chercher par elle-même ? demande-t-elle en jetant un regard vers l'écurie. Le fils, honteux, éclate alors en sanglots, tandis que ses parents, confus, offrent à ma grand-mère nourritures rares et présents. Des années plus tard, elle annonce, avant l'arrivée du télégramme, qu'une nouvelle grave va survenir concernant son fils. Il vient de perdre son bras gauche lors d'un accident de travail le jour même.

Elle est comme ça. Chaque matin elle prend une douche froide pour réveiller le corps et l'esprit. Aux jours de marché, elle achète les légumes les moins frais vendus par de vieilles femmes, pour laisser les meilleurs à autrui. Ma mère a honte des capacités extrasensorielles de sa propre mère et c'est sans doute pour échapper à cette différence qu'elle se convertit au protestantisme assez jeune.

Mais les heures passées au temple avec ma grand-mère, les rituels et la méditation l'ont suffisamment marquée pour qu'elle accorde crédit à l'insistance de ses rêves. C'est tout de même son enfance qui résonne à travers ces histoires. Et son enfance est un paysage béni. Née dans une famille aristocratique très aisée, elle n'a rien vu de la guerre. Elle ne se souvient que du jardin, des servantes, de l'atmosphère paradisiaque au milieu des arbres fruitiers.

Mon père, bien que lui aussi converti au protestantisme, attache également une grande importance aux dires des médiums et des sages.

Ainsi, ma mère consulte l'un d'entre eux après son *taemong*. L'homme confirme le rêve, et prédit de nouveau qu'il s'agit d'un « enfant dont le destin fera écho hors de la Corée ». Nous sommes en octobre 1986.

C'est le sage qui me baptise Hieon (['h], [i], [o ouvert], [n]) Jeong. Hieon Jeong Lim. Mon nom signifie « la forêt ». Dans mon double prénom, Jeong se traduit par « sérénité, paix, silence » ; quant à Hieon, il existe en Corée un art de ces « poignées » qui servaient jadis à soulever le couvercle des très grandes marmites où mijotait la soupe. Certains de ces objets étaient travaillés d'or et de pierres précieuses tant ils symbolisaient l'indispensable dont dépendait le repas de toute une famille. Elle est précieuse, cette poignée, car il suffit d'une seule pour nourrir tout un monde.

Mon enfance est tissée de cette confiance inaltérable de ma mère à l'égard de cette précieuse poignée évoquée par les sages, capable de soulever le couvercle de l'avenir. Elle croit finalement à ce destin hors de la Corée. Elle croit que cette fille qui lui vient saura ouvrir les portes d'un présent parfois lourd et me soutient absolument dans tout ce que j'entreprends.

Mon père laisse faire. Il n'est pas de ces hommes qui vivent dans l'intimité de leurs enfants. Il s'occupe d'assurer le confort de la famille. Mes trois frères sont adultes maintenant. Mes grands-parents ont déjà disparu. Mes cousins sont loin. Nous sommes donc, elle et moi, livrées à nous-mêmes. Au mystère des choses et du monde, à ces événements que l'on ne s'explique pas. Ni elle ni moi.

Ce jour-là, par exemple, où je traverse la rue alors que le feu vient de passer à l'orange. Ensemble, nous allons aux bains publics, les *mokyoktang*, très communs en Corée. À cinq ans, j'ai tout juste appris cette règle : l'orange impose aux voitures de nous laisser passer, nous les piétons. Avec joie je me lance en courant sur la chaussée, impatiente de tester ma nouvelle connaissance. Un taxi me percute et me projette si loin que ma mère me croit morte. Un tel vol plané… je *ne peux pas* être vivante. Et pourtant, je me lève. Quelques rougeurs aux mains. Rien. Je me souviens de l'impact sourd. C'est tout. Un léger black-out. Et mon incompréhension de me trouver tout à coup aussi loin de ma mère. Comme si j'avais été projetée par magie à cent mètres de là. Je les regarde tous : ma mère, mais aussi les passants, le chauffeur du taxi. Leurs visages effrayés me font peur. Je pleure de voir ce mélange d'effroi, de stupeur dans leurs yeux.

Je commence à comprendre ce que signifie l'expression « avoir une bonne étoile ». Je ne vais pas cesser d'en approfondir le sens…

C'est cette bonne étoile, sans doute, qui me pousse inlassablement à retourner à l'institut de piano. Je n'ai pas encore *rencontré* la musique. Non plus le plaisir de jouer. Mais j'apprends avec une telle ferveur. Y compris après être entrée à l'école primaire.

CHAQUE MATIN, je me lève vers sept heures. Nous dormons par terre, tous ensemble dans la même pièce. Je suis rivée au corps de ma mère. À son odeur de sésame, à sa peau-douceur, ses gestes-protection, sa voix-tendresse. Elle est mon tout, ma bouée, ma maison, ma force à moi.

Chaque matin, elle dispose sur la petite table ronde les plats chauds qu'elle a préparés aux premières heures de l'aube. Le riz. La soupe. Les *kimchi*, ces petits pâtés de chou rouge fermenté au piment. Puis je vérifie mon cartable, et je descends quatre à quatre les escaliers de l'immeuble pour filer vers le pont Daekyo, le grand pont qui surplombe la rivière dans laquelle nous nous baignons parfois avec mes camarades. Mes parents, eux, ne se baignent jamais. Ils ne se prêtent guère à l'amusement.

Il y a aussi les collines au loin, et les petits arbres que j'aime. Le sol rose sur le pont d'où l'on peut observer les poissons. Il y a les algues inquiétantes. Et ma course certains soirs, après ma journée à l'école. Ma course pour retrouver ma mère. L'amour dans ses yeux.

Chaque soir en rentrant, je reprends le chemin de l'institut, réemprunte les rues sinueuses qui y mènent, évitant les chiens errants, le long des petites maisons en béton. J'invente des rituels. « Si j'arrive à y aller en moins de cinq cents pas, l'institut sera fermé. » Cela ne marche pas à chaque fois. J'ai envie d'y retourner, et j'ai aussi envie qu'il soit fermé. La professeure est si austère… Presque toujours vêtue de noir, elle ne sourit jamais, et ses coups de règle sur les paumes me font mal. Mais il y a toutes les notes qui sont comme des amies. Les notes que j'apprends dans mon box avec les autres élèves. Chacune le sien. L'heure passe vite. Je me dépêche de rentrer. Je vais voir si ma mère est bien là. Encore une fois. Et puis, je m'en vais jouer, pas loin, au bord de la rivière. Il y a les amies de l'école. Les poissons. C'est une enfance tenue par le piano. C'est une enfance remplie du regard de ma mère.

Dans celui de mon père, je lis l'absence du sien, déporté au Japon. Né en 1933, mon père avait alors sept ans. Les soldats japonais sont venus un matin, ont emmené de force celui qui veille sur la famille, en prend soin. Sa mère, dépecée par le chagrin, s'est évanouie. Le petit garçon s'accroche aux jambes des soldats japonais, suppliant. Mais le père s'en va. Et maintenant c'est lui, l'aîné, le chef de famille. Il a sept ans, cinq enfants à nourrir en plus de lui-même, et un devoir unique : survivre. Il mange des écorces. Des racines. Il n'y a plus pour eux nourriture ni langage. Les Japonais occupent le pays depuis plus de trente ans. La famine sévit partout. La langue coréenne a disparu des écoles. Les enfants portent des prénoms japonais. S'ils se trompent, c'est le fouet. Les filles sont jetées de force dans les bras des soldats. Des filles « de réconfort » pour les troupes japonaises, esclaves sexuelles envoyées sur tous les fronts. Des expériences de toutes sortes voient le jour. Les temples sont détruits. La culture anéantie. Aux sommets des montagnes, le Japon plante des barres de métal pour bloquer l'énergie du pays, le *qi*, et empêcher ainsi la force d'irriguer le peuple coréen.

Lorsque le père revient, après cinq ans de travaux forcés dans les mines japonaises, ce n'est plus le père. C'est un homme inconnu. À peine un homme, un squelette. Et mon père n'est plus l'enfant. L'aîné maintenant a douze ans. Et c'est comme si tout était trop tard, et peut-être pour toujours.

Quelques années après, la guerre de Corée éclate. Et c'est lui à son tour, soldat, qui s'en va se battre contre les frères, les sœurs de son peuple. Le 25 juin 1950 à quatre heures du matin, le Nord a envahi le Sud par surprise.

De ce passé, il ne parle jamais. C'est un homme qui se tait.

Mais dans la voix de mon père, j'entends les cris des déportés. Dans sa gorge, il y a sa langue maternelle arrachée. Dans ses mains, il y a les coups des Japonais. Dans son corps, il y a les corps des Coréens transplantés vivants sans anesthésie, cobayes sacrifiés à la science. Dans ses épaules, il y a le poids de sa famille impossible à nourrir. Dans son ventre, il y a la colère d'un fils, d'un homme, d'un enfant.

Dans la souffrance écarlate de mon père, il y a la souffrance de tout un peuple. Dans les blessures de mon père, il y a le terreau d'une violence inouïe. D'une douleur infinie. Il porte cette puissance inquiétante des espèces très anciennes et qui ont survécu. Sa carapace est un mur contre lequel se cogne ma sensibilité d'enfant. J'ignore son passé, si bien que tout son être m'est incompréhensible. Il possède une force de géant, phénoménale et surnaturelle, qui m'effraie plus qu'elle ne me rassure. Et pourtant, parfois, il chante, mais c'est presque comme s'il pleurait. J'ai peur de ce que je ne comprends pas. J'ai peur de cet homme dont la douleur immense me dit quelque chose des animaux sauvages, de la violence des prédateurs.

Je sais aujourd'hui qu'au-delà de l'Histoire, il y a la sienne propre, l'histoire de l'homme qu'il aurait pu être, inconnue de lui, de moi, et que seule peut-être ma mère a *su* voir.

Sa douceur est une plage immense entre cet océan inquiétant qu'est mon père et ma sensibilité. Oui, ma mère est ma racine, mon refuge, ma merveille, ma force à moi, mon inquiétude aussi lorsque, épuisée par la tension familiale, elle s'absente de la maison.

Alors je guette en rentrant de l'école pour voir si le linge sèche sur la terrasse. Et je suis comme Égée espérant le retour du bateau de son fils. Si la voile blanche apparaît sur la mer, le fils est vivant. Le soir, en traversant le grand pont, le linge dans le ciel est pour moi comme la voile. La promesse qu'*elle* sera là.

Certains soirs, le linge ne sèche pas. Je cours sur le pont. Je monte quatre à quatre les escaliers de l'immeuble. C'est lui qui l'a construit, mon père. L'immeuble de la rue du grand pont, Daekyo. Nous vivons au dernier étage avec une grande terrasse sur laquelle il fait pousser un potager. Qu'il entretient. La culture des légumes, c'est lui. C'est le plaisir de «monsieur le président». Tous les locataires l'appellent ainsi. C'est lui le propriétaire. Il a surveillé la construction de l'édifice un mètre carré après l'autre, a choisi chaque matériau. Cet immeuble, c'est le symbole de ce qu'il a bâti pour se tenir à jamais séparé de son histoire. De la famine. De la douleur.

Après la guerre, accablé par l'extrême pauvreté, il a quitté la province de Jeolla du Sud, accompagné d'un cochon, pour le vendre au marché. Avec l'argent, il a acheté un billet pour Incheon. Là-bas il connaît un ami traducteur qui lui prête trois mille wons. De quoi payer le billet pour Séoul.

En arrivant, il monte au sommet du mont Namsan, où il reste longtemps à observer le mouvement incessant de la ville. Il a vingt-quatre ans. Une chemise, un pantalon, quelques wons, rien de plus. Mais la rage de vivre. D'y arriver. Les savons américains sont à la mode, se vendent deux cent cinquante wons contre cinquante wons le savon coréen. La seule différence entre les deux : le parfum, et l'inscription américaine gravée : U.S.A. En un mois, il monte son entreprise, achète un premier lot de savons coréens qu'il fait fondre au pied de la porte de Namdae, y ajoute du parfum et reproduit la marque : Lux. Il y grave les trois lettres magiques USA mais sans les points entre les lettres. Ainsi, il est en règle. Les savons se vendent comme des petits pains. Il peut enfin gagner l'équivalent de deux sacs de riz par jour.

Bientôt, il ouvre une boutique de cosmétiques. Puis un magasin d'optique qu'il fait construire à Anyang où il a rejoint un ami avec qui il travaillait à Séoul. Il y rencontre sa femme, ma mère. Il a dix nouvelles idées par jour, multiplie les partenariats, avec la prison notamment, à qui il propose des tests de vision gratuits pour les détenus, des lunettes. Ses affaires florissantes lui forgent une réputation d'homme d'affaires redoutable. Il est et il reste l'enfant qui a mangé des racines, qui s'est juré que ni lui ni les siens ne souffriraient jamais plus de la faim. Et lorsque j'en viendrai à étudier la vie de Beethoven de très près, après lui avoir exposé mes réflexions sur les conflits spirituels du compositeur, sa seule réponse sera :

– C'est bien beau tout ça, mais au final, ça te rapporte quoi ?

Son immeuble, c'est sa force. Et aussi le premier gratte-ciel d'Anyang. Il y a cinq étages. Le hall en marbre m'impressionne. Gris. Froid. Il n'y a pas d'ascenseur. Les escaliers sont sombres. Pas un seul habitant. Seulement des bureaux, qu'il loue. C'est l'immeuble de la rue du pont. C'est comme ça qu'on l'appelle à Anyang : Daekyo. Au premier étage la pharmacie, au deuxième les bureaux de Samsung, au troisième l'atelier de vêtements, au quatrième une église évangélique, et au cinquième, nous. Un univers d'adultes. Entièrement silencieux toutes les nuits. Personne. Seulement ma mère. Sauf quand elle n'est pas là.

Car certains jours, elle n'est pas là. Certains soirs, certaines nuits. Quand la tension entre mon père et elle est trop forte. Quand le passé n'en finit pas de les blesser. Je ne le sais jamais à l'avance. J'envie ma voisine de classe dont la mère, coiffeuse, lui fait des tresses et l'oblige à patienter avec les clientes dans son salon, la façon dont elle s'occupe tous les jours de ses devoirs, de son cartable, lui coupe en petits morceaux ses *kimchi*.

Ma mère, elle, me laisse libre. Incroyablement libre. Vertigineusement libre.

Je vais à l'école le matin, je reviens. Est-elle là ? Le linge claque-t-il entre les bras du vent sur la terrasse ? Non ? Je cours jusqu'à l'immeuble. Est-elle revenue ? Sera-t-elle là ce soir ? Sentirai-je de nouveau son grand corps si chaud, si doux où lover mon enfance ?

Je cours à l'institut retrouver mon piano. Là-bas,

je redeviens calme. C'est une heure que je gagne. Une heure sur l'inquiétude. Une heure qui lui laisse le temps de rentrer, de faire la lessive, d'étendre le linge, d'être là.

Parfois, je joue dehors jusque tard dans la nuit. Il y a cette liberté qu'elle me laisse et qui est aussi souffrance. Mais qui nourrit ma soif. Je suis celle-là dont les parents ne s'inquiètent pas, qui m'ont accordé leur confiance. Une confiance *magistrale*. Je suis cette enfant qui veille sur sa mère. Celle qui se soucie sans cesse d'où elle est. De son heure de retour. Du « Comment va ? ». Je suis cette petite fille qui, certains soirs, cherche son odeur de sésame dans ses robes.

Le rapport absolu que j'entretiens très tôt avec le piano vient de là. De cette inquiétude. De ce souci. Le piano, c'est la chose la plus sûre au monde. Ce à quoi l'on peut se donner sans jamais craindre la trahison. Sur qui l'on peut compter. C'est, dans mon enfance tissée de courses et de peurs, la rampe à laquelle se tenir pour avancer plus loin. C'est la bonne étoile qui, sur moi, veille, à la manière d'une promesse.

MA MÈRE me soutient. Encouragée par elle, je reproduis la musique que j'entends à la télévision. Vivaldi me touche particulièrement. « L'été » des *Quatre Saisons*. C'est un air qui m'est étrangement familier. Je me constitue ainsi petit à petit un répertoire de musique que je tâtonne au piano, le jouant parfois devant ma professeure avec le sentiment coupable d'avoir transgressé le cadre de son enseignement. C'est une sensation qui me poursuivra longtemps.

Car ma professeure est sévère mais attentive. Elle m'apprend aussi bien le piano qu'à tenir un crayon, à lire et à écrire. Me fait découvrir l'univers du solfège, des harmonies et des tonalités. Elle est implacable. D'une droiture exemplaire. Mais toujours au rendez-vous. Et avec elle, le piano. Qui devient naturellement mon ami.

Ma rencontre avec le piano est ma première rencontre. Bien avant la musique. C'est seulement une fois arrivée en France que j'aurai accès à son âme. En attendant, je joue déjà les compositions de ceux qui vont être mes compagnons de vie : Beethoven, Chopin, Mozart, Haydn. Je les joue, mais je ne les ai pas encore *rencontrés*.

Je ne sais pas encore faire la distinction entre virtuose et vivant. Je ne sais pas encore que la virtuosité n'est pas ce qui m'importe. Mais être vivante, vivante ! Soit précisément ce que les virtuoses sauront me reprocher.

– Vous êtes trop vivante ! ai-je entendu lorsque, en 2007, j'ai joué un prélude et fugue de Bach.

Alors, le seul espace où je me sens entièrement respectée, c'est au piano que je le dois. La félicité me viendra après. Pour l'heure, je le vis comme une obligation. Un ordre intérieur. *Ma* mission. Pour l'heure, j'ignore tout de cette chance qui est la mienne d'être dans ce modeste institut de piano où personne ne se soucie de m'enseigner la façon de bouger les doigts, les poignets, les bras, de *tenir* le corps, selon une méthode professionnelle très précise à laquelle seuls les « élus » ont accès. Personne ne m'impose les gestes qu'on impose aux prodiges. Une chance, oui. Car mon corps est resté libre. Ce pour quoi, sans doute, l'on me dit aujourd'hui que je joue comme un chat.

Aujourd'hui, le piano n'est à mes yeux qu'un outil. J'en ai connu de toutes sortes. L'entreprise Yamaha m'a donné la liberté de choisir un piano à Londres, à Paris, à Séoul, à Tokyo, à Philadelphie.

Il en est des pianos comme des êtres vivants. Il y a ceux qui font de vous une magicienne, et ceux qui vous réduisent à l'état d'amateur. Selon le répertoire, mes exigences se transforment. Un piano, cela se découvre. Il faut le sentir.

Nos pianos modernes sont bien différents des pianos d'autrefois qui possédaient un toucher si léger. Il suffisait presque de souffler pour que la musique soit… Ils étaient fabriqués à la main. Corps d'homme, main vivante… Aujourd'hui que les productions se font davantage à la chaîne, les pianos se ressemblent. Ils ont vocation à faire vivre la musique dans des salles immenses si loin des salons de jadis.

Beaucoup des répertoires des XVIIIe et XIXe siècles sont d'autant plus difficiles à jouer sur nos pianos modernes que leur toucher est lourd, beaucoup plus lourd que celui de leurs ancêtres. Ce qui semble si compliqué techniquement dans certaines partitions l'était sans doute moins avec les pianos de naguère.

Je rêve d'un piano moderne au toucher d'autrefois. Cet idéal de piano, j'en ai rencontré quelques-uns. Quelle grâce alors ! Quelle aisance ils me donnent ! Par la richesse de leur sonorité, leur palette infinie.

Jusqu'il y a peu, lorsque je découvrais un piano de piètre qualité, cela me gâchait le concert. Désormais, j'accepte chaque spécimen tel qu'il est. Je donne le meilleur de moi-même et j'oublie l'instrument. Car le lien amoureux, c'est avec l'œuvre que je l'ai. Ce qui compte, c'est cette soif d'exprimer l'indicible. Ce qui compte, c'est le désir que j'ai de la musique, singulier, personnel, intuitif. Ce qui compte, c'est le silence intérieur. Le piano est seulement le passeur.

À Anyang, je grandis. L'institut de piano aussi. J'y étudie désormais également le violon. Mon désir d'apprendre est insatiable. Désir que reconnaît la jeune pianiste étudiante qui vient d'arriver comme assistante de ma professeure. Ses cheveux colorés châtains lui donnent un air rebelle. Elle me plaît tout de suite. D'autant qu'elle me fait part de l'existence d'un univers où vivent les surdoués du piano qui travaillent entre huit et dix heures par jour. Ils ne prennent pas même le temps de se mettre à table. Celles que l'on appelle les *tsima baramme*, les mamans-jupon, les nourrissent avec des petites bouchées de riz entourées d'algue séchée et salée, afin qu'ils ne perdent pas une minute de leur temps ! *Tsima* signifie «jupon» et *baramme* «vent». Elles s'agitent et créent ainsi du vent avec leur jupe, dans le but de produire des prodiges…

Cela m'excite. Tout comme le collège de musique de Séoul qu'elle évoque également. Si prestigieux, si réputé que seuls les meilleurs élèves du pays peuvent prétendre y entrer. La voie royale pour intégrer l'université de Séoul dont les étudiants me font, dans la bouche de l'assistante, l'effet de demi-dieux.

C'est un monde à part entière. Un continent dont je ne sais rien mais que j'en viens à désirer avec force. C'est ma mission. Depuis le début, je le vis ainsi. Ma mission. Car je suis Hieon Jeong, la précieuse poignée. Celle qui peut soulever le couvercle de l'avenir. Celle qui doit sauver sa mère, c'est-à-dire le monde. Car alors ma mère *est* le monde.

À l'école, il nous a été demandé d'écrire une rédaction sur le thème « Imaginez votre vie dans trente ans ». C'est très simple. J'écris : « Je veux être la lumière du monde. » Parce que je veux être la lumière de ma mère. J'écris : « J'aurai enregistré l'intégrale des sonates. » Parce que je veux honorer le *taemong* de ma mère. J'écris : « Je serai une pianiste connue dont les parents seront fiers. » Parce que je veux être cette enfant dont on a prédit à ma mère qu'elle aurait un « destin qui fera écho hors de la Corée ».

Les mamans-jupon, le collège de Séoul, l'université de Séoul, ce sont des mots qui mettent le feu à mon imagination.

D'une insouciance sauvageonne, je n'ai jamais été habituée au rythme de travail que de tels lieux supposent. Une fois accomplie mon heure quotidienne de piano, je vais attraper à la rivière des grenouilles avec mes amies du quartier. Nous jouons à l'élastique et courons derrière les libellules. Personne ne m'a jamais obligée à quoi que ce soit. Jamais ma mère ni mon père ne m'ont demandé de «faire mes devoirs» ni de «travailler mon piano». Presque indignée par cette liberté qui est la mienne, je demande à prendre des leçons supplémentaires avec un professeur d'université réputé. Mais après quelques cours, je ne suis pas davantage satisfaite. J'étouffe dans ce cadre trop étroit. J'ai envie de jouer Schumann, Brahms, Rachmaninov, et il ne m'enseigne que Mozart.

D'ailleurs, j'étouffe à peu près partout. À l'école primaire, le système coréen ne me convient pas non plus. J'y vois le chemin tout tracé d'un destin qui ne me fait guère envie. Il n'a pas le visage de cette grandeur à laquelle j'aspire entièrement. Et puis, ma famille n'est pas musicienne pour un sou. Pas un seul artiste chez nous. Or je désire poursuivre le piano.

Ma mère l'entend. Mène enquête. Il y a l'institut Curtis à Philadelphie, ou la Juilliard School à New York. Beaucoup de Coréens rêvent d'y étudier. C'est une opportunité exceptionnelle.

Mais moi, je veux respirer l'air que Beethoven respirait, aimer dans les rues où Chopin a aimé, je veux sentir le vent qui agitait les cheveux de Ravel, voir de mes yeux les paysages que Mozart a vus, m'éveiller dans la lumière où Liszt s'est éveillé. J'ai un désir d'Europe. De vieilles âmes. C'est comme une mémoire très ancienne. C'est ma soif. Ma mission. Mon rêve. Partir.

– Quelle école y a-t-il en Europe ? demandé-je à ma mère.

Il y a le Conservatoire national supérieur de musique de Paris. Institut légendaire et historique s'il en est, l'un des plus prestigieux au monde où Saint-Saëns, Fauré, Ravel ou Debussy ont eux-mêmes étudié. La sélection est l'une des plus difficiles qui soient. C'est en France. Plus difficile que d'entrer à l'université de Séoul. En France. Plus exigeant que toutes les autres écoles. En France. Une concurrence internationale. En France. Je veux aller vivre en France avec les filles aux cheveux jaunes, au grand nez et aux yeux bleus, porter de beaux chapeaux, me déplacer en carrosse, tenter l'impossible, ça c'est un vrai rêve, le piano en France. Oui, c'est ça que je veux. Plus difficile à atteindre que de décrocher une étoile. Oui. Mais justement, une étoile, j'en ai une. Une bonne étoile. Et peut-être qu'elle peut m'aider à décrocher l'autre. L'inaccessible étoile.

Ma mère est d'accord. Pour mon père, c'est tout simplement hors de question.

Mais moi j'ai envie d'apprendre à dire « oui » comme elles font là-bas avec ce drôle de mot imprononçable. Et à oser appeler « madame » les femmes que je croiserai en ville, de ce mot que l'on utilise ici, en Corée, pour parler d'entraîneuses. Moi j'ai envie, tandis qu'une fois encore ma mère a disparu pour échapper à la tension entre mon père et elle. Cette fois, l'absence maternelle dure un peu. Il ne sait pas bien quoi faire de moi ; je ne vois qu'une solution : tout quitter, partir pour renaître, loin de la Corée, loin du passé, des ruines et du chagrin qui sont, à l'intérieur de mon père, comme un caïman immense et effrayant.

Avec ma mère nous imaginons en cachette l'impossible pour le convaincre. Rien n'y fait. Et c'est un médium qui forge mon destin.

Ma mère, de retour au foyer familial, a fait venir un grand sage. Tous les trois réunis au salon, nous observons dans un silence inquiet l'homme qui écrit sur un rouleau de papier posé au sol. Il est entièrement habillé de blanc. Ses vêtements sont fins et amples. Délicats. Ma vie est suspendue aux poils de son pinceau pointu.

Il relève son visage et s'adresse à mon père, soudain grave :

– Monsieur, vous devez laisser partir votre fille. La Corée lui est trop étroite. Si vous l'en empêchez, son destin ne pourra pas fleurir comme il se doit et elle en périra. Sa vie ne vous appartient pas. Elle est promise à un grand destin qui lui est propre. D'ailleurs, je souhaiterais dès maintenant qu'elle m'accorde un autographe. Je le garderai et vous verrez combien j'avais raison.

Mon père a foi dans l'invisible. Il a toujours été très attaché au *jesa*, cette cérémonie coréenne que l'on célèbre plusieurs fois dans l'année en hommage aux ancêtres. Offrandes et prières manifestent gratitude et révérence aux âmes défuntes et au monde des esprits. Mon père aime ces rituels qui sont toujours l'occasion de grandes fêtes familiales. Il a toujours senti une force immense et silencieuse l'accompagner pour l'aider à aller jusqu'au bout de ses rêves. Ce sont des choses qu'il respecte, auxquelles il se soumet. Il finit par céder.

J'ai dans mon cœur la clarté indigo du courage. Je ne sais rien de ce qui m'attend si loin. Je n'ai aucune idée des difficultés qui vont être les miennes. Une seule chose compte à mes yeux : je m'en vais.

C'est un petit matin comme je n'en connaîtrai jamais plus. J'ai à peine dormi. Le ciel est lourd et humide. Aussi statique et pesant que l'atmosphère est agitée et électrique à la maison. Tout virevolte. Je pars à neuf mille kilomètres de chez moi et, pour ma mère, pour mon père, c'est un peu comme si cela devenait réellement réel. Pour moi aussi. Ma seule inquiétude est de laisser mes parents. D'abandonner ma mère. C'est ce que je ressens. Comment se débrouillera-t-elle aux côtés de ce continent inconnu, inquiétant qu'est mon père ? Le linge continuera-t-il de sécher sur la terrasse dans le vent ? Et lui ? Ne commence-t-il pas à s'affaiblir ? Le dentiste chez qui nous sommes allés ensemble l'autre jour l'a pris pour mon grand-père. Est-il déjà si vieux ? Que deviendront-ils ?

Le paysage défile sur l'autoroute entre Anyang et Kimpo, l'aéroport de Séoul, mais je ne vois rien. Je ne cesse d'interroger ma mère :

– Est-ce que ça va aller ? Tu es sûre ?

Tout à coup, elle pousse un cri. Elle a oublié mon passeport. Nous faisons demi-tour et c'est finalement dans un état second que nous rejoignons Kimpo. Mon frère aîné est venu lui aussi. Au moment du départ, il m'offre mon premier dictionnaire franco-coréen qui va m'accompagner pendant bien des années. Je ne parle pas un mot de français.

J'avance vers les portes automatiques. Je pense à l'odeur de sésame de ma mère. Je pense à Beethoven, aux filles aux cheveux jaunes, tout se mélange dans ma tête. Je ne pleure pas. Je me retourne une dernière fois, en forçant un peu mon sourire vers mes parents en larmes.

Nous sommes en 1999. J'ai douze ans, je pars de l'autre côté du monde. Je n'ai pas peur. Je suis inquiète pour mes parents, mais je n'ai pas peur.

Je ne reviendrai pas sur ma terre, près des miens, avant l'âge de vingt ans – à l'exception d'une brève visite à l'âge de quatorze ans –, mais ça, je ne le sais pas.

À Compiègne

AÉROPORT CHARLES-DE-GAULLE. Son architecture moderne, les autoroutes, le paysage environnant semblent comme les notes familières d'une partition connue pour l'enfant que je suis venant d'atterrir sur le sol français. En revanche, l'accueil que me réserve ma « tante » est une vraie découverte.

Elle est venue me chercher en Corée et nous avons fait le voyage ensemble. Ma mère a trouvé cette famille d'accueil par l'une de ses amies dont le fils a vécu plusieurs années en France avec son épouse : ma « tante ». Ils ont eu deux enfants, un garçon qui a maintenant dix-huit ans et une fille de dix-sept. Le mari, chercheur en mathématiques, est retourné en Corée pour subvenir aux besoins de la famille. La femme et les enfants sont restés.

Moi qui n'ai connu de l'intime féminin que la tendresse de ma mère, sa douceur, ses encouragements incessants, son amour inconditionnel, je ne comprends rien à l'attitude de cette femme qui me demande de l'appeler « ma tante » et exige, aussitôt arrivée, que je joue pour elle un morceau. Le piano droit, blanc, est installé contre le mur dans la chambre de sa fille. Je commence à jouer l'*Étude n° 5, opus 10* de Chopin, mais à ma grande surprise le son est étouffé, comme si l'on avait mis à l'instrument une main sur la bouche. Ma « tante » refuse d'enlever la pédale de sourdine. Dans le trois-pièces de la rue des Réservoirs à Compiègne, au deuxième étage de cette résidence ordinaire, on ne fait pas de bruit. Le fils étudie le violoncelle, la fille le violon, ma « tante » le piano. Mais ici, on ne fait pas de bruit. D'ailleurs, je ne les entendrai jamais jouer. Tant pis. Je continue, me laissant emporter par Chopin, par sa composition espiègle et joueuse, tandis que la jeune fille de la maison rit avec moi. Après avoir fini, je me tourne vers ma « tante ».

Son visage est complètement fermé. Ses yeux très noirs ont quelque chose d'effrayant. Elle semble frémir de colère. Elle se lève et va jusqu'au salon sans un mot, pour allumer la télévision. Je la suis.

– Tu n'arriveras à rien en jouant du piano comme tu le fais, dit-elle. Je ne comprends pas pourquoi tu es venue ici. Tu ne travailleras pas sur mon piano car nous avons des voisins. Je te donnerai la clé d'une église où tu pourras aller deux fois par semaine, si tu tiens quand même à continuer.

Elle ne me regarde pas quand elle me parle. Continue de zapper avec la télécommande sur différentes chaînes.

Rétrospectivement, je mesure à quel point ma mère

m'a baignée d'amour. De confiance. Car la haine soudaine de ma «tante» non seulement ne me décourage pas mais elle excite mon désir. J'irai à l'église travailler mon piano, j'entrerai au Conservatoire, je décrocherai mon étoile. Il me semble, maintenant que j'ai eu la force de quitter la Corée, que rien n'est impossible. Je vais le lui prouver.

Posé au milieu d'un parc, l'institut Guynemer a des allures d'un château qui a pour moi tous les attraits d'une promesse. Septembre 1999. C'est mon premier jour au collège en France. La professeure de mathématiques, qui s'appelle *réellement* Mme Soleil, me présente à la classe et me fait asseoir à côté de Clara. Elle n'a pas les cheveux jaunes ni les yeux bleus, mais son nez est bien européen et c'est la première fois que je découvre un visage occidental d'aussi près. Comme il est gracieux. Je ne me lasse pas de la dévisager, d'admirer la courbe parfaite de ses longs cils balayant ses yeux dont la forme me fascine, ses yeux d'Occident, les reflets auburn de ses cheveux bruns, sa peau si délicate.

Les autres élèves eux aussi me dévisagent. À Compiègne, les filles orientales ne courent pas les rues. Il n'y a pas ou peu de Coréens qui viennent étudier, et la plupart me prennent pour une Chinoise ou une Japonaise. En 2002, la Coupe du monde de football en Corée changera sensiblement les choses, mais en attendant j'incarne à leurs yeux l'Asie millénaire :

chapeaux pointus, travail dans les champs, rizières et samouraïs, soit l'opposé exact de ce que mon enfance citadine m'a appris. C'est un choc, car comme tous les enfants, qui ne peuvent imaginer que pour les autres le monde puisse être différent de celui qu'ils perçoivent, je crois que la Corée, ma culture, toute ma vie sont une évidence pour autrui comme elles le sont pour moi. C'est là l'ordre naturel des choses. Or il n'en est rien. Au contraire. Bientôt, je découvre les moqueries et avec elles le racisme. Tantôt mes camarades de classe singent les caractéristiques des traits orientaux, tantôt ils ridiculisent ma culture. Lorsqu'ils découvrent que je ne connais pas le mot « piscine », ils induisent que ces sortes de choses n'existent pas dans mon pays, dès lors qualifié d'« arriéré ». « Patinoire », je ne connais pas le mot, « voiture » non plus, ni « ordinateur », ni « musée ». Le vocabulaire me manque. Et avec lui c'est toute la Corée, aux yeux des élèves, qui est privée de ce qu'il nomme. Incapable de me défendre, sans mots, je me retire progressivement à l'intérieur de moi-même, dans le silence, demeurant sur le seuil de cette porte du langage qui ouvre sur le monde, me dédoublant pour me soustraire à la peine. Et là, une fois encore, le piano me sauve.

Ma « tante » m'a inscrite au conservatoire de musique de Compiègne où elle-même étudie avec ses enfants depuis sept ans. Habituée au modeste institut de piano d'Anyang, je suis impressionnée par le grand bâtiment blanc aux lignes pures, aux pièces lumineuses. On me présente mon futur professeur de piano, Marc Hoppeler. L'homme m'adresse un sourire et me dit quelque chose que je ne comprends pas. Il est grand. Sa longue barbe et son regard bleu m'intimident. Il m'invite à le suivre vers la salle de piano. Sachant à peine dire bonjour, je me sens complètement perdue. Je m'assois pour lui jouer un peu de Bach et quelques études de Chopin. Il écoute avec attention puis prononce quelques mots en français que je ne comprends pas non plus. Il les note gentiment sur mon cahier : « Douée, formidable, bravo. »

En rentrant chez ma « tante », je me précipite pour feuilleter le dictionnaire que mon frère m'a offert avant de partir. « Douée, formidable, bravo. » Je n'en reviens pas. Depuis mon arrivée en France, c'est la première fois que j'éprouve une sensation de détente. De lumière à l'intérieur. Les mots du professeur me réchauffent, m'entourent, ils sont comme un vêtement nouveau dont je m'habille, une langue qui rassure, fait du bien. Ils ont la douceur de ma mère. Et il me vient aussitôt envers lui ce désir que j'ai eu envers elle : celui d'être à la hauteur, de ne pas décevoir son estime. Je vais redoubler d'efforts. J'irai à l'église chaque semaine.

J'apprendrai plus tard par Agnès, l'épouse de M. Hoppeler, que son mari est rentré chez eux enthousiaste et heureux de sa nouvelle élève ; qu'il a fait demander le jour même mon transfert dans un cours supérieur, me permettant ainsi de présenter dès le mois de février le diplôme final, la médaille d'or du conservatoire de Compiègne. Il croyait en moi au point de me proposer d'achever le cursus seulement cinq mois après mon arrivée.

AU COLLÈGE aussi le piano me sauve. Retirée en moi-même, malgré l'amitié de Clara, j'observe le monde dans un silence mat. J'apprends à regarder avec précision chacun des sentiments qui m'animent. Telle colère, telle peine, tel chagrin, telle blessure. C'est là ma méditation quotidienne. Je tâche d'y puiser une force pour tenir. Pour supporter l'isolement où les moqueries me laissent. Je n'ai pas de mots, pas de langue, pas de liens. J'étudie le monde. J'étudie les gens. Je suis comme la grenouille qui a vécu dans son puits et, soudain, découvre l'océan. Le danger est partout. L'observation de mise. J'essaie de comprendre. Je surveille. J'analyse. Je scrute. J'examine. Je prends la mesure des conditionnements : culturels, sociaux, nationaux, affectifs. Je dois tenir. Je tiens. Je pense à ma mère là-bas, de l'autre côté du monde. Je me fais anthropologue, ethnologue, sociologue. Ma conscience éclate. Les hommes sont des fourmis, et moi, du haut de mes douze ans, je regarde la fourmilière.

J'ai douze ans, j'ai cent ans. Je suis vieille et seule, je suis innocente et lucide, mais il y a le piano. Et ce jour d'octobre où au collège, en plein milieu du cours, le professeur de musique me demande de jouer un morceau. Cet homme, toutes les filles le trouvent beau. Je me lève, heureuse de pouvoir m'exprimer enfin dans « ma langue », la musique. J'ai choisi Chopin. Et là, il n'y a plus de peur, il n'y a plus de mots, il n'y a plus le dedans ni le dehors, il n'y a plus de coupure entre le monde et moi, il y a l'un, l'uni, la joie, la merveille. Et cet immense silence stupéfait dans la classe quand j'ai fini de jouer.

Le piano m'a rouvert le monde. Les moqueries, c'est fini. Maintenant, je le vois, les élèves sont presque timides. Ils n'osent pas. Puis, soudain, ils applaudissent tous ensemble pleins de joie. C'est un nouvel espace qui s'ouvre en moi. Je me rapproche du langage, je me rapproche de l'autre, doucement, je sors de ma tanière, j'ose m'avancer, me redresser, devenir, être moi-même.

Cependant, si au collège et au conservatoire, grâce à la musique, la situation s'améliore, chez ma « tante » c'est loin d'être le cas. L'atmosphère est tendue. J'apprends progressivement des choses terribles sur ma famille, qu'elle me révèle au cours de dîners étranges où elle m'oblige à manger jusqu'à m'étouffer, remplissant outrageusement mon assiette. En plus des portions de riz énormes, je dois ingurgiter un steak et finir ma soupe de soja fermentée ultrasalée. Lorsque je proteste, elle évoque la famine dans le monde. Me sentant effroyablement coupable, je mange jusqu'à la nausée, puis me cache aux toilettes pour me débarrasser de toute cette nourriture qui me brûle l'estomac. Sa fille, elle, a droit à des portions ordinaires. Lorsque je le lui fais remarquer, ma « tante » m'explique qu'étant plus âgée, elle peut se permettre un régime mais que moi, je dois encore grandir.

Je découvre sur mes parents une vérité tout autre que celle que je connais. Ma « tante » m'explique que je viens d'une famille très pauvre, incapable d'assumer mon éducation, et qu'elle me garde par pitié. Elle parle tranquillement. À l'intérieur de moi, quelque chose d'indicible s'effondre dans un grand fracas de silence. Quelque chose que je ne sais pas encore nommer. Quelque chose qui m'oblige à reporter plus loin ma confiance, au-delà de l'humain. Quelque chose qui forge dans le feu la nécessité d'un absolu qui tienne, plus sûr, plus vrai que cette vision du monde offerte par les adultes. Quelque chose sur lequel je puisse compter *à vie*.

Je me sens perdue. Pourquoi ma mère m'a-t-elle menti ? Pourquoi ? Et de quoi mes parents vivent-ils désormais ? Il n'y a pas alors la possibilité de téléphoner par Internet comme cela se fait aujourd'hui. Les appels à l'étranger sont encore rares et coûteux. Je sens que ma « tante » n'y tient pas. Parfois, sur le chemin, en rentrant du collège, je m'arrête dans une cabine. J'appelle en Corée avec mon argent de poche. Je ne sais pas quoi dire. D'autant que ma « tante » ne cesse de me répéter que mon niveau médiocre au piano ne mérite pas l'effort qu'ont accompli mes parents pour que je vienne en France. Au téléphone, les larmes me submergent souvent mais je les tiens rassemblées dans ma gorge. Je prends des nouvelles de ma mère. J'essaye de deviner dans le souffle de sa voix la pauvreté qui est la sienne. La leur. Je ne raconte rien. Pas même que ma « tante » l'autre soir, en l'absence de ses enfants, a bu plus qu'elle ne pouvait le supporter, et est venue s'allonger sur mon lit en pleurant. Je ne dis pas son histoire qu'elle m'a rapportée dans les larmes. Qu'elle était pianiste elle aussi. Très appréciée. Une pianiste populaire qui accompagnait les chœurs à l'église. Est-ce que seulement je m'en rends compte ?

Accroupie, je rassemble mon corps au pied du lit pour me tenir aussi loin d'elle que je le peux, tandis qu'elle parle et pleure. Tout à coup, elle se penche et vomit. Glisse par terre et rejoint la cuisine en rampant. J'entends des bruits de chasse d'eau, de robinet qui coule en abondance. Je reste un moment immobile puis je me lève pour l'aider. Elle se tient allongée dans la salle de bains en chemise de nuit. Je nettoie chaque pièce où elle est passée, avant de retourner me coucher. C'est la première fois que je fais cela. Nettoyer comme ça, derrière quelqu'un.

Et de nouveau, la voilà. De nouveau, sur mon lit. De nouveau, je me rassemble contre le mur. Il est froid.

Tout est froid. Les glaciers de la confiance se sont effondrés dans ma poitrine et j'ai froid. C'est l'hiver 1999. C'est la tempête dehors. C'est la tempête glacée au-dedans qui abat dans mon cœur les arbres du courage. Et pourtant, il y a cette chose-là qui résiste au-delà de tout, je suis en train de le comprendre : il y a cette chose-là qui s'appelle la *musique*. C'est à ce moment-là de ma vie que, pour la première fois, je la rencontre vraiment.

Des années plus tard, je me suis liée à Vénérable Mujin Sunim, une nonne bouddhiste de nationalité suisse, aux origines canadienne, russe et anglaise, parlant un coréen émouvant avec l'accent du Sud. J'ai compris grâce à elle que «personne ne fait jamais rien à personne» et que «nous ne souffrons pas des faits en eux-mêmes mais seulement des conséquences de leur interprétation. De là, le fait que la souffrance, à son tour, peut elle aussi prendre fin». Cela signifie que nous avons réellement le pouvoir de changer nos vies. C'est aujourd'hui une transmission qui m'importe.

MA « TANTE » m'a donné la clé d'une église où je peux me rendre deux fois par semaine, en plus des cours au conservatoire de Compiègne. Le lieu est désert et glacé mais enfin je suis seule. Enfin libre. Les colères sombres que je laisse exploser par les notes sont une bénédiction. Et toute cette houle qui se libère de moi m'emmène dans des espaces inconnus jusque-là. C'est la musique qui me tire. Qui m'entraîne. Qui me tient debout tout contre elle. Dans cet univers entièrement étranger, elle est mon antre, mon refuge, l'espace familier le plus intime où je peux me blottir. Dès que je m'assois au piano, où que je sois, je suis chez moi.

Il y a toutes ces choses que je ne comprends pas. Ces nuits pleines de cris où ma « tante » pleure au téléphone en appelant la Corée. Sa politesse d'insecte en présence de tiers. Mon désir de l'aider et de me faire aimer. Il y a ma peau qui se craquelle dans le froid de décembre et la fille de ma « tante » qui me refuse les bienfaits d'une crème hydratante.

– C'est un luxe pour les grands, a affirmé sa mère.

Il y a l'odeur de sésame de la mienne qui se perd dans la distance et le mensonge.

Ce sont des énigmes qui m'entourent comme des papillons inquiétants. Ils m'effleurent, je m'épuise mais j'ai foi. Car il y a aussi Ravel, il y a Schumann, et Chabrier que je travaille pour la médaille d'or. Il y a que la musique maintenant me parle sans détour. Quelque chose a eu lieu, de l'ordre de la perte, qui m'a ouvert un monde. Là où hier je ne jouais que des notes, j'entends désormais la vie. La vie ! Le *Deuxième Concerto* de Rachmaninov, plus que n'importe quel autre, produit sur moi cet effet. Je me souviens de l'avoir écouté sans entrain avant de partir pour la France. Et maintenant, ce qui n'était pour moi qu'un bourdonnement lointain et vain me déchire et me trouble. Pourquoi ne l'ai-je jamais vécu ainsi jusqu'ici ? Mendelssohn me bouleverse, Tchaïkovski, Chopin. Le lyrisme de ces œuvres est en train de me devenir vital. Ils disent tout ce que je ne peux taire et qui, pourtant, reste muet en moi-même.

En allant à l'église, je croise souvent un vieil homme à barbe blanche qui avance lentement, un marteau à la main. Il me fait peur. Je presse le pas pour me réfugier dans l'édifice, dont je referme avec application la porte. Régulièrement, je sors apostropher les passants, pour qu'ils me renseignent sur l'heure. Je n'ai pas de montre. Or l'espace au piano ne connaît pas le temps.

Entièrement absorbé, mon moi disparaît et je ne sais jamais si cinq minutes ou deux heures ont passé.

Un soir, alors que, dans l'église, je vois la lumière décliner par le vitrail rouge, je sors comme à l'accoutumée vérifier mon horaire. L'homme est là, qui marche vers moi de son pas décidé. Je ne bouge pas. Mon cœur s'accélère au rythme de Beethoven. « Presto agitato » de la *Sonate au clair de lune*. J'ai chaud. J'ai peur. Il est là devant moi. Je découvre alors son visage et ses yeux d'où émane une bonté très claire. De la poche de son manteau, il tire une boîte. Me la tend.

– C'est si beau ce que j'entends lorsque vous travaillez...

Dans mes mains, il y a un petit réveil bleu. Dans ma poitrine, il y a un je-ne-sais-quoi plein de joie. Comment le remercier ? Je bafouille quelques mots et m'enfuis. Il est le premier inconnu qui a su m'écouter. Le premier public de ma vie. J'ai encore le petit réveil.

Dans cette nuit où, parfois, je me tiens, le vieil homme est un feu de joie sur ma route. Il y en a d'autres.

Marie et Cléha. Ces deux jumelles franco-japonaises, atteintes du syndrome de Turner, sont les deux fées dont j'ai besoin pour garder bien vivant mon courage. Le leur est sans faille. Il s'est endurci par les piqûres quotidiennes, les médicaments omniprésents, les railleries. Moquées pour leur petite taille et leur origine japonaise, elles savent ce qu'il en coûte d'être différent, et m'accueillent comme étant l'une des leurs. Elles ne se plaignent jamais. Forte de leur appui, je les défends bec et ongles. Lorsque Cléha se fait une fois encore injurier par un groupe, j'assène une gifle extraordinaire à la plus grande des filles et remets à sa place chacune d'entre elles.

Il faut dire que mon français ne cesse de s'améliorer. Mme Traversière y est pour beaucoup. C'est un autre feu de joie sur ma route. Cette grande femme aux cheveux bouclés s'adresse toujours à ses élèves avec attention et écoute. Son regard intelligent et vif se promène par-dessus ses grandes lunettes avec bienveillance quand elle s'apprête à interroger l'un d'entre eux. Je suis passionnée par la conjugaison française. C'est un puzzle qui a pour moi les vertus du jeu. La quantité de nuances qui s'expriment à travers elle m'émerveille, et j'affectionne les exceptions comme des personnalités originales en marge de la règle.

Le système éducatif en Corée du Sud étant l'un des plus exigeants au monde, le niveau scolaire y est atrocement élevé. Les enfants, avec plus de cinquante heures de cours par semaine, ont un rythme de travail effréné. Les instituts privés prennent le relais après l'école, obligeant les élèves à travailler jusqu'à minuit, parfois dès le primaire. Même si je n'ai pas subi un tel rythme à Anyang, je découvre, en arrivant en France, que dans certaines matières, je suis largement en avance. Les cours de mathématiques de cinquième ici correspondent à ceux du primaire en Corée. À ma grande surprise, la calculatrice est autorisée, ce qui est inimaginable dans mon pays. Ainsi, mon ignorance de la langue française est compensée par mes années d'apprentissage coréennes. D'autant que, je le découvre en France, j'ai appris, en Corée, à apprendre.

Très vite, le français devient mon cheval de bataille. Je mets toute mon ardeur à honorer les encouragements chaleureux de Mme Traversière pour dépasser le barrage de la langue. En arrivant, je sais dire « oui », « non », « madame » et « bonjour » que j'ai, cependant, beaucoup de difficulté à prononcer correctement. Mais j'apprends par cœur entre cinquante et cent mots par jour. Je les copie inlassablement dans un cahier pour m'en souvenir. Maîtriser le français, c'est pour moi le comble du « chic » ! Chaque progrès me fait jubiler, et au bout de six mois je pense en français et je rêve en français... Je suis aux anges, Mme Traversière aussi. Je n'ai jamais reçu en Corée un tel soutien de la part d'un professeur. Elle rend hommage à ma volonté, et je vois bien que la plupart de ses collègues soulignent mes efforts. En mathématiques, en anglais, en sport et en arts plastiques, je suis plutôt en avance. En revanche, pour les cours de sciences de la vie et de la terre et ceux d'histoire, je suis obligée d'emprunter le cahier d'une élève et de traduire chaque mot avec mon dictionnaire, ce qui me prend un temps extravagant.

Lorsque je reçois mon bulletin trimestriel, ma moyenne en français est accompagnée d'une appréciation inoubliable pour la jeune fille que je suis : « Quel exemple de persévérance et de travail ! Excellents résultats ! Continuez. » L'ensemble des professeurs s'est d'ailleurs exprimé à mon égard en des termes extrêmement bienveillants. Je n'en reviens pas. Chaque année, les tableaux d'honneur distinguent les meilleurs élèves du collège Guynemer et, pour la première fois, une nouvelle catégorie a été inventée pour moi : le prix spécial pour la rapidité des progrès. Je reçois un gros livre, et de nouveau je ressens cet effet stimulant de l'encouragement où je retrouve le soutien maternel qui me pousse à redoubler d'efforts.

Au conservatoire également où chaque cours avec M. Hoppeler me ravit : cette façon inspirée qu'il a d'évoquer la musique avec des images efficaces et singulières. Lorsque nous étudions la *Bourrée fantasque* de Chabrier, il se transforme en clown hilarant et burlesque. En jouant les *Jeux d'eau* de Ravel, il a quelque chose de lumineux et liquide. Il invente des expressions, pose des mots sur l'indicible, transmet son amour de la musique comme nul autre. Avec lui, je ne vois pas passer les heures. Il s'adresse à chacun avec un respect remarquable, et nous fait découvrir cet espace infini que nous portons à l'intérieur de nous, où l'harmonie du monde se décline et s'éploie. C'est un homme qui ouvre. Il ouvre le chemin et invite à le suivre. Il ouvre le dedans et le dehors. Il ouvre la musique parce qu'il l'aime. Absolument. Et c'est avec confiance que je le suis jusqu'au concours du mois de février. Nous sommes en l'an 2000. Le nouveau millénaire vient de commencer. C'est mon premier concours pour obtenir un diplôme. Je n'ai pas quatorze ans.

La veille du récital, j'appelle en Corée brièvement. J'ai besoin d'entendre mes parents. Je ressens l'espérance de ma mère. Et cette fois-ci, parce que je tremble un peu, parce que j'ai peur un peu, j'ose leur dire l'inquiétude qui est la mienne, et que je sais ce qu'il en est de leur situation financière. Mais la conversation va vite, nous parlons de médaille d'or, des Jeux olympiques en Corée, je ris nerveusement et demande qu'ils m'envoient mon bol à riz, celui que j'avais en Corée. En le donnant à ma « tante », j'espère échapper aux assiettes surchargées d'une nourriture trop lourde.

En raccrochant me vient le sentiment étrange d'un moment décisif dont je devine l'impact puissant qu'il ne manquera pas d'avoir sur mon destin. Quelque chose est en train de se jouer là, dans ma vie, quelque chose dont je ne sais rien et qui a peut-être à voir avec ma bonne étoile.

Je m'accroche à elle le lendemain matin en découvrant les candidats, tous adultes, qui prétendent à la médaille d'or du conservatoire de Compiègne. À elle et au sourire radieux de M. Hoppeler. Il me semble que, du haut de mes treize ans, je n'ai aucune chance. Mais il y a l'étoile. Il y a le sourire.

Et puis il y a la musique.

J'entre en scène le cœur fou. La salle en pente est bondée. Le piano est placé contre le jury. Tout proche. Je sens leurs corps, je sens la tension. Je pense à chacune de leurs vies : qui sont-ils quand ils ne sont pas là, tous prêts à me noter ? Je vois le chignon de celle-ci, les lunettes de celui-là. Je vois tout. Et puis soudain, je pense au sourire de M. Hoppeler, et ça y est, j'y vais, je plonge, et je suis dans l'église déserte avec mon réveil bleu sur le piano à queue, je suis à la rivière d'Anyang en train de regarder les poissons, je vois les draps qui sèchent sur la terrasse de l'immeuble dans le vent, je sens l'odeur de sésame de ma mère, les coups de règle de ma professeure de piano sur mes paumes, je suis aux bains publics, aux *mokyoktang*, de l'autre côté du boulevard, je suis passée au feu orange et une étoile m'a sauvée, je ris avec Cléha et Marie, je traverse le regard de mon père et je vais chercher sa souffrance, je vais décrocher le cœur de mon père pour le baigner d'amour, et il n'aura plus jamais froid, et ma « tante » n'aura plus jamais mal, et je joue, je joue, car je suis vivante, et plus forte que le chagrin et la douleur du monde il y a la musique, je le sais, je le vis, je joue, je le leur dis, avec mon piano, aux membres du jury, tout, je le leur dis.

Et après, c'est une journée qui n'en finit pas. Une attente impossible. Je suis épuisée et lasse quand soudain il arrive. Marc Hoppeler. Son visage est heureux et il dit les mots inimaginables. Il dit :

– Bravo, Lim, tu as eu la médaille d'or.

Peut-être que je pleure de joie, peut-être pas. Je ne sais plus. Je ne sais pas. Mais je cours, oui, ça je m'en souviens, je cours vers la cabine téléphonique du conservatoire, vers ce coin sombre de la cafétéria où je ne vais jamais, je cours pour les appeler. Mes parents. Leur dire. Je parle à toute vitesse. J'entends la folle-joie-folle de ma mère au téléphone, j'entends qu'elle va venir, ici à Compiègne, me voir, venir, pendant un mois. Alors, oui, maintenant je sais, c'est vrai, la médaille d'or je l'ai gagnée, c'est celle-là : ma mère-sésame, à Compiègne, en France, pour moi, avec moi pendant un mois. Ça, pour sûr, c'est une médaille.

Elle est là. Avec son odeur. Sa douceur. Elle est venue avec son amie, la belle-mère de ma « tante » partie en Corée visiter son mari. Depuis quelque temps, ma mère a senti qu'en France quelque chose n'allait pas, il fallait qu'elle vienne. Elle sent. Elle sait.

La nuit est tombée. Tout le monde est couché et je suis dans ses bras, au creux de son corps, dans son parfum, son harmonie et sa beauté ; et alors peut-être que pour une heure je peux être petite, peut-être que je peux m'abandonner et me laisser porter, peut-être que pour une fois ce n'est plus la musique qui me porte mais ses bras à elle qui me bercent tandis que je pleure, qu'infiniment nous pleurons elle et moi en silence.

Je ne lui ai rien dit. Elle a compris. Tout compris.

Le lendemain, les choses vont vite.

Je lui présente M. Hoppeler, tout surpris de me découvrir une mère. Ma « tante » lui a raconté que j'étais orpheline, qu'elle me gardait par pitié et comptait m'emmener au Canada. Mes parents lui envoient pourtant chaque mois une somme importante pour payer mes études et les frais très coûteux du conservatoire.

– Mais le conservatoire est public ! s'exclame M. Hoppeler. Les frais sont très réduits.

Non, mes parents ne sont pas pauvres, oui, elle m'a menti. Elle nous a menti. À tous. Appelant aussi bien ma famille en cachette pour leur dire que je ne faisais aucun progrès en français comme au piano. Les adultes mentent donc ? Je mets des mots sur la folie ordinaire du monde des « grands ». Je reconnais l'eau transparente de la vérité qui m'apaise. C'est la rivière que je souhaite remonter jusqu'à la source. Aucune autre ne m'appelle.

Ma mère décide de faire nos valises sur-le-champ. Nous déménageons le jour même dans un petit hôtel du centre-ville de Compiègne. Je n'arrête pas de rire nerveusement. C'est la tension en moi qui cède, dont je n'avais pas pris la mesure. C'est une harmonie vertigineuse. Nous sommes loin de mon père. Loin de ma « tante ». Nous sommes elle et moi en sécurité dans un hôtel de France. À mes yeux d'enfant, je n'ai jamais vécu une situation aussi enviable. Or elle est, d'un autre point de vue, tout à fait catastrophique.

Marc Hoppeler m'a expliqué que je devais me préparer pour passer le concours du Conservatoire national supérieur de musique de Paris. L'âge limite est de vingt et un ans. Si je le présente à l'âge de dix-neuf ans, dans six ans, je pourrai le tenter trois fois. C'est le maximum autorisé. Pour cela, je dois continuer mes études dans une plus grande ville, au conservatoire national de Rouen. D'ici là, il me faut achever mon année à Compiègne et je n'ai nulle part où aller.

Je sens ma mère préoccupée. Mais il y a l'étoile. Et c'est elle qui se manifeste la semaine suivante par l'intermédiaire de M. Hoppeler.

Alors que ma mère est venue m'accompagner à mon cours de piano, il dit ces mots tout simples :

– Ma femme, Agnès, et nos deux enfants serions heureux d'accueillir Lim à la maison pour qu'elle puisse terminer son année scolaire. Nous y avons réfléchi et nous aimerions réellement prendre soin d'elle.

Robert Schumann m'aurait invitée personnellement à venir vivre chez lui avec son épouse Clara et ses enfants, je n'aurais pas trouvé cela plus extraordinaire.

Je n'ai pas mesuré, à l'époque, la générosité profonde que ce geste supposait. Je n'avais que treize ans et bien que plus mature que la plupart des enfants de mon âge, je n'avais aucune idée de ce qu'était la gestion d'une famille au quotidien, ce que signifiait d'en ouvrir les portes à un tiers.

Marc Hoppeler est décédé en 2002, emporté par une crise cardiaque. Mais je sais qu'il m'accompagne dans ma musique : où que je joue, il fait partie du voyage, à la manière d'un père tendre et aimant. Je n'ai jamais eu l'occasion de lui exprimer entièrement ma reconnaissance et ma gratitude. Ni à lui ni aux siens. Qu'ils soient donc ici profondément remerciés de ce qu'ils m'ont donné. La douceur protectrice dont ils m'ont entourée reste une inspiration constante pour ma vie où je puise, encore aujourd'hui, une grande force. « Merci très beaucoup » à eux quatre, comme je le disais si fréquemment à Marc, pendant les trajets en voiture, lorsqu'il me conduisait chaque jour au collège. Et lui, riant, avec bonheur me corrigeait avant de me saluer de son sourire espiègle :

– Bonne journée, Lim, à ce soir.

Je la serre dans mes bras. Une fois encore, je dois me séparer d'elle. C'est une blessure qui n'en finit pas de se rouvrir. Ma mère qui disparaît derrière la vitre d'un train, d'une voiture, d'un aéroport. Ma mère qui n'en finit pas de s'amenuiser dans le paysage jusqu'à devenir un point inatteignable. Je la sens alors si fragile, si frêle. Si papillon contre la carcasse de mon père. Et moi qui suis là, à l'autre bout du monde, et qui ne peux prendre soin d'elle…

Sans doute est-ce pour cette raison que, chez Marie et Cléha, je rejoins systématiquement leur mère dans la cuisine, lui proposant d'aller retrouver ses amies pendant que je prends en charge vaisselle et cuisine. Elle ne cessera de s'en étonner. Je l'ignorais alors, mais je sais aujourd'hui qu'en prenant soin chez Marie et Cléha de leur mère, je veillais sur la mienne.

Heureusement, il y a cette vie nouvelle dans la maison de Marc et Agnès. M. Hoppeler est venu me chercher en voiture à l'hôtel pour m'aider à transporter mes affaires. Je n'ai jamais connu cela : la vie de famille simple et heureuse. C'est une incongruité que je découvre. Agnès, chef de chœur et également professeure au conservatoire où elle enseigne la théorie musicale, est une femme maternelle. Tendre et rayonnante. Elle m'accueille comme sa propre fille. Au même titre que ses deux fils, Lucas et Colin, qui ont neuf et cinq ans.

Lorsque je découvre ma chambre, je reste saisie. Au premier étage de la maison, la pièce est lumineuse et spacieuse avec une vue dégagée. Ils ont posé là un piano électrique en plus de celui qui est en bas, dans la salle réservée à la musique. Tout est calme. Paisible. Je vois bien qu'ils ont soigné chaque détail autour de mon arrivée afin que je me sente entièrement accueillie. Cela me touche infiniment. Je ne cesse de les remercier.

Agnès me demande de la tutoyer. Je ris. C'est une chose proprement impossible en Corée d'imaginer tutoyer un adulte, encore moins un professeur. J'y arriverai au bout de quelques semaines avec Agnès, mais avec Marc cela me sera vraiment difficile…

Avec lui, je partage l'amour de la musique. Avec elle, mes secrets d'enfant, de jeune fille. Le soir, je me sens attendue. On me demande comment s'est passée ma journée. Je leur raconte ma vie au collège. Nous rions beaucoup de ma perception de la culture française à travers mes yeux de Coréenne. Je suis ébahie de découvrir des êtres détendus, sachant goûter pleinement aux joies de la vie, au bonheur. Ils sont légers et protecteurs en même temps. Leurs amis me semblent légers eux aussi. Leur famille. Chantal par exemple, la sœur aînée d'Agnès, médecin anesthésiste, qui m'inspire un grand respect. Elle n'a pas de fille et propose de m'adopter. Mais Agnès de renchérir :

– Moi non plus, je n'ai pas de fille, Lim est déjà la nôtre !

Nous partons tous ensemble faire du ski à Ferney-Voltaire dans les Alpes. C'est une chose inouïe à mes yeux. Chez moi, on ne part pas en vacances. Nous n'avons quitté Anyang qu'une seule fois pour aller à Pusan, dans la famille de ma mère. Là, j'ai découvert la mer et quantité d'individus extraordinaires sur la plage de Haeundae. Tellement nombreux que c'en était inquiétant. D'autant que j'ai cru perdre une nouvelle fois ma mère, partie se baigner. Mon cousin me gardait. Je me sentais orpheline pour toujours. Ici, je suis loin de ma mère-sésame mais je tisse d'autres liens, je rencontre d'autres mères. Je devine une quiétude inconnue où, enfin, l'on s'abandonne, l'on ose vivre aux dépens de la méfiance, baisser la garde, aimer peut-être, et même oser imaginer de se laisser aimer…

Cet espace que Marc et Agnès m'offrent, la musique l'occupe. Chopin, Mozart, Liszt, Bach, Debussy, Ravel, Brahms, Beethoven, ils sont tous là. J'ai découvert le portrait de ce dernier. Il m'impressionne, me fait penser à mon père. Je mets aussitôt une grande distance entre sa musique et moi. Même si je joue déjà ses sonates avec respect et révérence, Beethoven, c'est encore à mes yeux pour les anciens. Il me fait peur. Il porte quelque chose d'inhumain. Je ne sais pas encore qu'il sera l'une des passions de ma vie. Et qu'il me vaudra l'une des plus formidables remarques de mon père. Après avoir lu mon analyse des Sonates qui accompagne leur enregistrement sur huit disques publiés en coffret par EMI Classics, il me dira :

– C'est très intéressant, cet écrit, mais je ne comprends pas bien : pourquoi y a-t-il ton nom à la fin ?

En attendant de rejoindre Rouen, je travaille avec acharnement. Je suis dans la musique, l'outil le plus subtil qui soit pour s'élever spirituellement.

Je ne le formule pas encore ainsi, mais je devine déjà que les compositeurs des XVIIIe et XIXe siècles, dits aujourd'hui « classiques », sont vivants. Absolument vivants. Et que si leur œuvre a traversé le temps, c'est bien parce qu'ils ont pris le risque de vivre la vie nue, celle que la plupart de leurs contemporains – et c'est toujours vrai, quelle que soit l'époque, y compris la nôtre – n'ont pas osé oser. Ils ont aimé absolument, ils ont créé absolument, ils ont cherché absolument : le divin, le sublime, l'indicible. Ils ont, plus que quiconque, choisi la liberté d'être qui ils étaient. Pleinement. Intensément. Et c'est cet appétit, cette soif qui furent les leurs, ce désir éperdu qui ont fait d'eux ces étoiles dont l'aura nous parvient comme une lumière issue des siècles et qui éclaire le présent de nos nuits.

Ce sont eux, les soi-disant classiques, qui ont enfreint les règles musicales, bousculé les idées reçues, les conventions. Eux qui ont innové, inventé, imaginé, rebondi. Eux qui ont été rejetés, critiqués, applaudis puis vénérés. Eux qui, comme Beethoven, ont été fidèles à ce commentaire qu'il écrivit un jour dans la marge d'une esquisse : « Il n'y a pas de règle que l'on ne puisse blesser à cause de *schöner* (plus beau). »

C'est *schöner* que je cherche à servir sur mon piano dans une interprétation qui soit la plus authentique possible, en étant au plus près de mon être, de ce qui fait ma singularité et ma vérité vitale.

« Le "Connais-toi toi-même" du philosophe grec, écrit le pianiste Alfred Cortot, devrait demeurer pour les interprètes de la musique une perpétuelle question. La tradition stéréotypée d'un chef-d'œuvre cède le pas, selon moi, à l'impulsion vivifiante que lui imprime la traduction d'un sentiment courageusement exprimé. »

Lors d'un concert, chaque note, chaque mesure, chaque phrasé est pour moi une question de vie ou de mort. Pour risquer la mise à nu de moi-même où déployer la vérité entière de mon être. Il est vain de chercher à se distinguer par son interprétation. Ce qui compte, c'est d'être entièrement vrai vis-à-vis de l'œuvre et de soi-même. Entièrement soi, sans aucune crainte. Interpréter, à travers cette singularité unique que nous sommes, la musique, le souffle du souffle. Prendre le risque d'aller d'une note à l'autre aussi rapidement que Beethoven les a écrites pour incarner son message divin.

Aussi radicalement. Prendre le risque d'être vivant. D'être libre. Et ainsi fidèle à ceux qui, avant nous, l'ont été : libres.

«Je regrette de ne pas avoir eu le courage de vivre ma vie au lieu de celle que les autres attendaient de moi.» L'infirmière Bronnie Ware, qui a longtemps travaillé dans un service de soins palliatifs, raconte que c'est là le regret le plus commun des êtres avant de mourir. À l'adolescence, je savais déjà cela. Et cette appréhension du monde n'a pas cessé depuis de se vérifier en moi.

Il n'y a pas d'interprétation originale, il n'y a que des interprétations singulièrement uniques. Et authentiques. La musique tragique n'a pas besoin d'être jouée tragiquement. Elle le sera, tragique, si l'on fait corps avec elle, si l'on ose être à ce point soi-même que l'on disparaît pour être un avec le souffle. Un avec la musique. Où l'on cesse d'interpréter pour se laisser traverser. Où l'on disparaît pour oser être enfin.

Vénérable Seongdam Sunim – dont la rencontre marquera un tournant dans ma vie – m'a beaucoup éclairée sur cette question de la relation entre la personnalité de l'interprète et celle du compositeur. La sagesse de sa réponse m'a profondément interpellée, lui qui n'est pas spécialiste de la musique classique mais réellement éveillé :

« Sur la question de la sincérité de l'interprète, si vous prenez conscience que nous sommes tous un, les émotions suscitées par la musique du compositeur deviennent vôtres. Vous ne vous contentez pas de les *sentir* mais vous en êtes la cause et la conséquence. Vous êtes un avec la tragédie, la joie ou la folie exprimées par la musique. Vous êtes un avec le compositeur, faisant vôtres tous ses états d'âme sublimés. Alors la question n'est pas d'être sincère ou non mais de témoigner de votre propre existence. Dans un monde compétitif, nous avons tendance à penser que l'existence de A suppose qu'il supprime B. Or il est tout à fait possible que deux personnalités coexistent pleinement, et au contraire, cela rend la vie plus riche encore. »

Qu'est-ce que le tempo ? Dans la musique, c'est un leurre. Seulement une *façon* pour le compositeur de donner un indice. Qui se soucie de la vitesse à laquelle il parle lorsqu'il dit avec le cœur ? L'expression vient en premier, l'exaltation marque le temps. La musique ne commence pas par un tempo. Elle n'est pas emprisonnée dans un tempo. Au contraire : c'est elle qui crée le temps.

Quelque deux cents ans avant Chopin, dont il est dit qu'il a inventé le rubato – soit la liberté dans le temps –, Monteverdi évoque déjà deux types de tempo : le *tempo della mano*, qui est un temps strictement mesuré et sans faille, et le *tempo dell'anima*, le temps de l'âme et du sentiment, où se glisse justement la faille, ce qui fait trembler et frémir l'humain, ce qui le rend vivant.

Dans le *tempo della mano*, la musique est prise en otage, soumise au temps, maîtrisée. Or c'est cette maîtrise qu'il faut pousser au point de s'en libérer pour avoir le courage de s'y abandonner, d'oser glisser dans la faille et faire jaillir l'imprévisible du souffle divin que recèle le *tempo dell'anima*. C'est ce temps-là que je cherche et nul autre.

À Rouen

LE TEMPS. Celui de quitter Compiègne est venu. Après ces mois de féerie passés chez Marc et Agnès, je dois rejoindre la ville de Rouen pour intégrer le conservatoire national de région. Les résultats de ma première année française ont convaincu mon père qu'il a eu raison de m'avoir laissée partir à douze ans, mais est-ce bien utile que je reste ? Le grand sage et son pinceau pointu sont de nouveau convoqués par mes parents, à qui l'on conte mes déboires avec ma « tante » et mes succès avec Marc Hoppeler.

Le vieil homme se félicite de la force acquise auprès de cette « sorcière », et souligne combien elle me sera nécessaire par la suite. Mon père donne son accord pour que je poursuive mes études à Rouen avant de me présenter au Conservatoire national supérieur de musique de Paris. C'est un accord sans condition. Or c'est moi, cette fois, qui en pose une. Je demande que ma mère me rejoigne.

Bien sûr, je n'ai pas idée de ce que cela représente.

Ni de ce que cela suppose pour moi de prise en charge. Comment ma mère pourra-t-elle à son âge apprendre une nouvelle langue ? Et en l'absence de langue, une vie sociale est-elle seulement possible ? Dans quelle solitude sera-t-elle plongée ? Mon père pourra-t-il rester seul ? Mes parents devront-ils vivre à la manière de ces couples d'oiseaux migrateurs – tels qu'on les appelle en Corée –, séparés l'un de l'autre ? Je me pose mille questions mais je ne prends pas la mesure des réponses. Ce que je veux, c'est être auprès de ma mère. Retrouver un peu de sa chaleur qui m'a tant manqué, de son amour. Retrouver la joie que nous avons éprouvée à Compiègne, dans le petit hôtel du centre-ville, lorsque, loin de la « tante », loin de la Corée, nous étions l'une à l'autre, sans inquiétude ni limite.

Contre toute attente, mon père dit oui. Ma mère me rejoint à Rouen et nous voilà de nouveau à l'hôtel. Mais elle ne connaît pas un mot de français, et bientôt je cours seule les rendez-vous entre banque, agence immobilière et préfecture de police, découvrant un nouvel aspect de ce monde adulte qui ne cesse de me répéter comme une mélodie aux accents étonnés et inquiets :

– Mais où sont tes parents ?

Mes parents, pour l'heure, ne peuvent rien.

Je suis entrée au collège en quatrième dans une classe à horaires aménagés. Je suis les cours le matin et je vais l'après-midi au conservatoire. Ma future professeure de piano me fait rencontrer un agent immobilier grâce à qui je trouve un petit appartement rue Saint-Nicolas, dans le centre de Rouen. Je paye les factures, je gère les papiers administratifs et je prépare, pour ma mère comme pour moi, les dossiers nous permettant d'obtenir visas et titres de séjour, multipliant les innombrables allers-retours à la préfecture. Les files d'attente y sont interminables. Mon ventre se noue. Deux guichets seulement sont ouverts. La foule patiente. L'aura d'attente désespérée qui en émane m'est une blessure face aux employés qui bavardent de l'autre côté de la vitre en buvant leur café. Je les vois rire. Leur rire a le visage d'une offense. Et alors, un jour, quelque chose en moi se soulève qui vient de la musique. Du désir d'aller travailler la musique, de ne pas perdre une seconde de plus en dehors d'elle. Je m'approche d'un guichet fermé et je crie à travers l'hygiaphone :

– J'ai manqué des heures de cours au collège et au conservatoire pour assister à vos bavardages, votre comportement est en train de détruire mon avenir et vous en porterez la responsabilité. Je suis venue en France pour étudier et réaliser mon rêve de devenir pianiste, pas pour user mon temps à justifier mon existence et à attendre que vous finissiez votre interminable café. Vous avez demandé la photocopie des justificatifs de scolarité, il y a dix copies de chaque page avec les lettres de recommandation du collège et du conservatoire, le nombre d'heures de cours hebdomadaires justifié. Vous avez demandé les justificatifs d'identité, il y a le livret de ma famille sur plusieurs générations, le tout traduit par un traducteur assermenté, tamponné et certifié par l'ambassade. Vous avez demandé les justificatifs de domicile, même la pièce d'identité du propriétaire y est avec les quittances de loyer, les factures d'électricité, de téléphone et les lettres d'attestation de mes voisins. Il y a plus de documents qu'il ne vous en faut, vous *ne pourrez pas* rejeter mon dossier. Chaque minute passée ici est une minute que je sacrifie à la musique. Je n'ai que treize ans, je ne veux pas perdre mon rêve ni mon avenir. Je vous laisse mes documents.

Je tremble presque de cette sauvagerie qui est la mienne. Mais mon dossier est aussitôt accepté. Je pense à ma bonne étoile. Je la sens. Je pense aux musiciens qui ont osé. Ils me donnent du courage, chaque jour.

Du courage : lorsque le voisin du dessus sonne et entre dans notre appartement avec un pilier qu'il installe en plein centre de la cuisine de peur que le plafond ne nous tombe sur la tête.

Du courage : lorsqu'il faut écrire une lettre au propriétaire qui vient d'augmenter le loyer. « Madame, Monsieur, je ne peux accepter l'augmentation du loyer que vous venez d'effectuer car nous avons eu, dans cet appartement, de graves ennuis en raison des travaux inattendus de notre voisin du dessus qui est venu installer un pilier dans la cuisine au cas où le plafond s'écroulerait. Par ailleurs, nous vivons dans la poussière, condamnées à manger dehors, à nettoyer sans cesse les lieux, en étant constamment dérangées, vous comprendrez », etc.

Du courage : au conservatoire où les étudiants sont,

pour la plupart, âgés de vingt ans alors que je vais en avoir seulement quatorze.

Du courage : pour protéger ma mère qui ne peut communiquer avec personne.

Du courage. Celui de Beethoven s'adressant à lui-même : « Courage ! Malgré toutes les défaillances du corps, mon génie doit triompher. Voilà mes vingt-cinq ans, il faut que cette année révèle l'homme achevé. Il ne doit plus rien rester à faire. » Ou répondant à celui qui venait de lui déclarer que des maîtres tels que Goethe ou Haendel ne verraient plus le jour : « C'est tout à fait regrettable, Excellence, mais avec des hommes qui n'ont ni foi ni estime de moi, juste parce que je ne suis pas encore universellement célébré par la renommée, je ne peux avoir aucun rapport. »

J'aime avec quelle passion il se libère de ce qui l'encombre. Et lui et bien d'autres s'autorisent à créer l'inimaginable. Chopin, Brahms me tiennent éveillée jusqu'à l'aube. Puis je découvre les Russes : Scriabine, Rachmaninov, Prokofiev. Leur âme slave et démesurée me fascine. J'éprouve le « bonheur d'être triste », selon l'incroyable formule de Victor Hugo.

Je pense à eux. Je me demande à quoi, à qui ils songeaient à mon âge. Quel est leur mystère ? Quelle fut leur adolescence ? À travers eux, c'est la musique qui me parle comme un être qui aurait connaissance du moindre fil dont se tisse ma vie. Un être d'une bienveillance toujours renouvelée et inconditionnelle. Celle qui suscite en moi ces larmes auxquelles je ne comprends rien, mais qui attisent mon attirance vers la musique et vers ceux qui ont su la créer. Je remarque leur puissant désir d'imprimer farouchement leur signature propre dès les premiers opus. Tous, sans exception, utilisent la forme de la sonate et le mode mineur pour déployer la palette de leur expression, tous avant leurs vingt ans manifestent en *do*, en *fa* dièse, en *ré* ou *fa* mineur des tonalités empreintes de tragédie et de rébellion, seules capables semble-t-il d'annoncer la mesure des immenses créateurs qu'ils vont être. Dans mon désir de vouloir leur ressembler, je compose ma première *Sonate pour piano, opus 1*.

Mon histoire d'amour avec eux date de cette époque. Car comment nommer autrement ce lien qui vous tient éveillé à la nuit, allongé sur un lit, lorsque, assailli par une phrase musicale, à la manière d'un amour, on ne sait plus si c'est soi qui refuse de s'en séparer, ou elle de vous quitter.

N'ayant qu'un piano droit dans le petit appartement de la rue Saint-Nicolas, et pour épargner mes voisins, je me réfugie au conservatoire où je deviens rapidement experte dans l'art de trouver des salles libres. Ma soif d'apprentissage est infinie, que vient combler Mlle Colette Ténière dont l'exigence et la redoutable sévérité font pleurer les plus endurcis d'entre nous. Élève d'Olivier Messiaen, cette ancienne étudiante du Conservatoire de Paris a obtenu onze premiers prix, dont ceux de contrepoint-fugue, harmonie, analyse et clavecin. Son oreille harmonique est infaillible et ne tolère aucune faiblesse. Dans son tailleur classique, dissimulée derrière ses lunettes de sorcière, elle nous traite régulièrement de « dindes » lorsque nous restons incapables de qualifier telle harmonie, telle cadence ou telle tonalité. La théorie musicale n'a pas de secrets pour elle et sa capacité à reconnaître le nom d'un compositeur et à *révéler* l'œuvre, dès la première écoute, m'impressionne. Malgré sa sévérité, mon respect à son égard est total. Elle semble tutoyer Bach et avoir dîné la veille avec Mozart. Et avec quelle jouissance elle décrypte tel changement harmonique de Ravel, prouvant ainsi le génie de son créateur ! Elle connaît cette chose mystérieuse qu'est l'ossature de la musique, son système nerveux, la façon dont elle respire et s'articule, la délicatesse de sa myologie. Le corps tout entier de la musique lui est familier et c'est avec intensité qu'elle nous en transmet les secrets, à nous les « dindes » impatientes d'en savoir plus.

Il y a aussi M. Rigault, professeur de culture musicale, plus jovial, mais avec qui je connais aussi parfois des moments de panique intense. Il diffuse le troisième mouvement de la *Première Symphonie* de Brahms. Nous sommes supposés en deviner la structure, les carrures avec les cadences, l'instrumentation et les modulations, et bien évidemment le nom du compositeur. Je distingue la forme tripartite, les tonalités et les changements harmoniques, je nomme les instruments mais je me trouve incapable de deviner que c'est Brahms qui s'y cache. Dans ces moments-là, le découragement m'accable. Il me semble que ma vie tout entière tient au nom de ce compositeur qui m'échappe et que sans lui je n'arriverai plus à rien. Mais M. Rigault me guide et m'encourage, y compris dans l'écriture de mon mémoire pour l'obtention du diplôme d'études musicales que je passerai deux ans plus tard. Je travaille sur le thème de l'Orient dans la musique de Debussy et de Ravel sous la menace tranquille de ce professeur qui me répète avec humour :

– Si vous n'obtenez pas ce diplôme, vous allez devoir vous marier avec moi !

Sa bienveillance et sa générosité me sont d'une aide précieuse.

Ce n'est pas le cas de ma professeure de piano qui s'oppose catégoriquement à mon désir de travailler la *Sonate* de Liszt. Les grandes basses jouées de la main gauche, associées au lyrisme lancé en octave de la main droite, ont tout pour séduire l'adolescente exaltée que je suis, assoiffée de romantisme et d'histoires d'amour tragiques. Mais sa réponse est sans appel. Derrière ses lunettes pointues, engoncée dans sa jupe impeccable, son visage à l'air pourtant sympathique sous ses boucles brunes. Suspendant un instant ses mille activités, toujours affairée comme elle l'est, elle me regarde sans sourire et me dit avec une tranquillité angoissante :

– Tu es trop jeune pour jouer ça. Il faut avoir au moins seize ans pour se lancer dans cette *Sonate*, tu dois interpréter le répertoire que je te donne.

Je proteste, je me défends car je vis avec la *Sonate*, je dors avec elle, je respire dans ses notes, elle appelle dans mes doigts, me murmure au cœur. Liszt, c'est beaucoup plus qu'un amour, c'est alors toute ma vie.

Rien n'y fait.

Il est des interdits qui ouvrent un monde à l'intérieur de soi et en déploient la force. Cet interdit-là, c'est lui qui m'affranchit.

Beethoven n'est pas encore entré dans ma vie avec ses phrases puissantes et radicales, mais je comprends alors ce qu'il sait : « Suivre les conseils d'autrui seulement dans les cas exceptionnels ; sur une question que tu as déjà bien examinée, qui pourrait mieux que toi en soupeser tous les aspects ? »

En effet, qui mieux que moi pourrait connaître la qualité de mon lien avec Liszt, et cette nécessité qui est la mienne de le vivre au piano ? Qui mieux que moi pourrait deviner qu'il y a là l'expression de ce qui m'habite et m'emporte, la source d'une joie et la joie d'un défi ? Qui mieux que moi pourrait pressentir tout ce que d'espérance, de chagrin et de vie la *Sonate* suscite dans mes doigts ? Qu'ai-je besoin d'attendre mes seize ans pour jouer cette *Sonate* puisque c'est maintenant qu'en moi elle appelle ? La musique n'a pas d'âge. Et la maturité du cœur et de l'esprit n'a que faire des années du calendrier.

« Quand j'étais jeune, on me disait : "Vous verrez quand vous aurez cinquante ans." J'ai cinquante ans, et je n'ai rien vu », affirmait Erik Satie. Qu'est-ce donc qu'être *prêt* à jouer une œuvre ? Être prêt, c'est le sens de la vie qui nous quitte lorsqu'on quitte le travail de cette œuvre. Être prêt, c'est oublier les repas pour rester au piano, c'est avoir mal aux doigts, c'est se relever à la nuit pour essayer encore ; être prêt, c'est entendre dans son corps les notes palpiter, l'exaltation nous prendre ; être prêt, c'est vouloir s'abandonner, se donner tout à l'œuvre ; être prêt, c'est vouloir faire corps, sans raison, sans sagesse, avec le désir seul pour ancrage et pour foi.

Mozart a composé dès l'âge de six ans, Chopin venait d'en avoir vingt quand il a écrit les deux plus beaux concertos qui soient, Schubert venait de passer la trentaine quand il est mort. Beethoven a-t-il jamais souhaité que sa musique soit jouée avec « maturité » ? Pour lui, la musique devait « faire jaillir du feu de l'esprit des hommes et les larmes des yeux des femmes ». Dont acte.

L'éclatante vitalité et la désinvolture de la jeunesse ont leur valeur propre et lorsque l'art les manifeste, elles sont remarquables et précieuses. La sagesse et la passion profonde du grand âge possèdent elles aussi leur beauté sublime.

Je viens d'avoir quatorze ans mais je suis prête. Pour la *Sonate* de Liszt, dans mon cœur, tout à fait prête. Commence alors ce qui va devenir ma première histoire d'amour impossible et secrète. Une véritable double vie. Car tandis que j'interprète sagement le répertoire imposé, je m'astreins également chaque jour à travailler ma *Sonate*. Très tôt, avant de rejoindre le collège ou le soir après dix-neuf heures, lorsque le conservatoire se vide et que je peux profiter des salles, en cachette, à l'abri des regards et de ma professeure. Alors, je deviens louve, parcourant les montagnes, et libre, respirant à pleins poumons l'air de cette indépendance que je m'octroie comme un trésor. Me jetant dans la maîtrise de l'œuvre comme on se jette dans l'amour à quinze ans. Avec la même passion, la même intensité, le même rêve d'absolu.

Dans mon aventure, j'ai deux complices : Aurore, ma précieuse amie qui me prête ses cahiers lorsque je manque les cours, et mon magnétophone qui enregistre mes progrès pas à pas. Nous avançons. Je travaille. Une nuit, je dissèque note par note la *Sonate en* si *bémol majeur* D 960 de Schubert jouée par Horowitz, sidérée par la science de sa sonorité, son oreille musicale si précise qu'il sait faire taire certaines notes pour en élire certaines autres et surprendre l'auditeur. J'écris dans mes carnets : « Ne pas faire attention à ce qui suit lorsqu'il est question de suivre son instinct et de se laisser aller ! Chercher les éléments qui font le petit truc spécial qui enrichit la musique, en les mettant en valeur. Cela peut être les notes, les nuances, le son, le temps, l'atmosphère, la pédale, l'accent ou tout en même temps. Faire sortir les basses seulement quand il y en a vraiment besoin, que l'on sente enfin la basse bien posée qui fait s'évanouir tout le reste et *soulage* la musique. Mais pas tout le temps. Il faut capter LE moment, sinon ça devient banal et lourd en même temps. Avec plus de recul, on arrive plus facilement à vraiment goûter la musique et à la faire goûter à l'auditeur. Le public tend l'oreille, il a tout le temps ! Exprime-toi ! Contrôle la musique comme tu en as envie ! C'est toi qui interprètes, sois le maître de toi-même. Créer son propre son et sa propre musicalité. Vivre sur le temps, ne pas penser d'avance ! Pour ça, il faut travailler à mort ! Exprimer intérieurement, pas extérieurement car cela risquerait de devenir une musique prétentieuse et frivole, donc ridicule ! Faire attendre et surprendre. Sentir ! Ne pas compter ! Jouer de façon que le public puisse comprendre. Qu'il applaudisse non parce qu'il a vu un singe sur un bâton mais parce qu'il a compris l'œuvre. Aie deux personnes en toi : l'une qui joue, l'autre qui écoute. »

Je me dédouble. Dans ma vie et dans la musique. Sans savoir ce qui de l'une ou de l'autre induit un tel comportement. Lorsque je joue au piano, il m'arrive de faire un avec lui, au point d'oublier ma propre existence. Au contraire, certaines fois, je m'observe de loin en train de jouer comme si je me regardais faire.

Vénérable Seongdam Sunim dit que « la méditation c'est devenir un avec l'objet, tandis que l'introspection c'est devenir un avec le soi qui est en train d'observer l'objet ». C'est ce que nous découvrons sans le savoir, moi, mon piano et mon magnétophone : la méditation, l'introspection.

PENDANT DEUX ANS, je suis véritablement possédée. Courant de la rue Saint-Nicolas au collège, du collège au conservatoire. Un jour, de retour à la maison, je croise une femme dont la présence soudaine me bouleverse. Je ne comprends pas tout de suite que ce qui m'émeut à ce point, c'est qu'elle est coréenne. Et avec elle c'est mon pays et toute sa culture qui viennent à ma rencontre, dont je mesure à quel point ils me manquent. Soudain, tout se bouscule en moi, car la Corée c'est mon enfance et les deux se confondent, et la femme sur le trottoir me ramène à l'une et à l'autre, au manque, à la béance.

Je m'approche et lui demande :

– Êtes-vous coréenne ?

– Oui, toi aussi ? Tu habites par ici ?

– Dans le centre-ville, avec ma mère. Mais elle ne parle pas français. Elle est très seule. Nous ne connaissons personne. Je vous en prie, venez chez nous. Je vous laisse notre numéro.

J'ai parlé sans réfléchir, dans un élan de joie qui m'a submergée. Yeong-Hi est une petite femme brune, la cinquantaine. Elle porte à mes yeux l'espérance d'un possible. Celui d'un lien pour ma mère. Comme au temps de mon enfance en Corée, où la crainte de ne pas la trouver à mon retour de l'école me tourmentait dès la fin de la journée, l'inquiétude toujours, à son sujet, m'enveloppe, à la manière d'un châle étrange posé sur mes épaules et qui me donne parfois cette impression de vivre hors du monde. L'inquiétude qu'elle s'égare et ne puisse retrouver son chemin. J'ai écrit sur un bout de papier l'adresse de notre appartement et notre numéro de téléphone, mais si elle le perdait…

Lorsque je vois les parents de mes camarades de classe attendre leurs enfants à la sortie de l'école, une émotion singulière me saisit de joie et de chagrin, et j'éprouve alors au fond de moi cette sorte d'urgence de rentrer au plus vite pour protéger ma mère. J'entends encore sa phrase, qui l'autre soir m'a déchiré le cœur :

– C'est bizarre, je me suis regardée dans le miroir et j'ai vu que les plis de ma bouche tirent sans cesse vers le bas, et c'est là mon expression habituelle, je crois, parce que je passe mes journées seule sans pouvoir parler à personne.

Avec Yeong-Hi les choses vont changer. Elle est un visage de ma bonne étoile, car elle nous présente très vite au consul honoraire de la Corée du Sud, à Rouen, M. Yang-Hi Kim, dont la bonté et la dévotion me font l'effet d'une saveur inconnue. Je n'ai jamais rencontré cela chez un homme de mon pays. Arrivé en 1953, à l'âge de vingt-six ans, il est l'un des tout premiers Coréens à être venus étudier en France. Ils étaient cinq à l'époque. Yang-Hi Kim a obtenu son diplôme de psychologie à la Sorbonne, puis exercé à Paris et à Rouen. Depuis soixante ans, il vit avec Paule, formant ainsi l'un des premiers couples mixtes franco-coréens.

Lorsque je pénètre pour la première fois dans l'immeuble aux larges pierres qui abrite le consulat de Corée du Sud, rue Lecanuet à Rouen, je suis impressionnée. L'immense porte d'entrée m'intimide, aussi bien que l'atmosphère si délicate et érudite du bureau de Yang-Hi Kim. C'est un homme aux gestes calmes, à la silhouette gracieuse, presque frêle. Il m'accueille avec cette douceur dont il ne se départira jamais. Y compris lorsque nous partagerons, des années plus tard, à l'occasion d'une visite, les quatre-quarts de Paule et ses choux farcis inoubliables. Il n'a rien d'un diplomate affairé à son travail administratif, et c'est pour quoi je consens aisément, malgré ma surprise lorsqu'il me le demande, à l'appeler Papy, comme le grand-père symbolique qu'il devient pour moi. Il incarne avec Paule ces grands-parents que je n'ai jamais eus, ceux-ci ayant déjà disparu à ma naissance. Yang-Hi Kim s'est éteint en 2015. Avec Paule, il m'a transmis la tendresse, l'accueil. Et m'a fait comprendre cette noblesse qu'il y a à aimer le pays d'où l'on vient.

À lui ni à personne, je ne parle de l'intense relation qui me lie à Liszt et sa *Sonate*. Ni avec quelle jouissance j'ai bravé l'interdit pour cet amour si fort qui réclame désormais de se vivre au grand jour.

Je viens d'avoir quinze ans. J'ai travaillé sans relâche en cachette durant deux longues années et c'est avec une timidité de jeune fiancée que je frappe un jour à la porte de ma professeure de piano. J'ai les larmes aux yeux. Dans ma gorge, ma voix tremble. Les mots sont des poissons qui glissent entre mes cordes vocales.

– Je sais que vous ne souhaitez pas que je joue la *Sonate* de Liszt, mais si je vous la jouais par cœur, entièrement travaillée et assimilée ?

Je me mets au piano. Dans mes doigts, il y a l'amour de deux années d'une jeune fille de quinze ans. Il y a la passion et le courage d'oser. Il y a, au-delà de la peur de déplaire, la foi en la musique. Cette foi dont je ne doute pas qu'elle nous est, malgré nos différences, commune, à ma professeure et à moi. Nous aimons la musique. Nous servons la musique. De cela je suis persuadée. Je ne savais pas alors que certains individus se servent de la musique au lieu de la servir. Et que leur amour du pouvoir est plus grand que celui des notes. Je le découvrirai un peu plus tard.

Pour l'heure, ma professeure se révèle à la fois contente et agacée. Je la sens nerveuse, ne sachant que faire de ce qu'elle vient d'entendre. « Heureusement qu'il y a des professeurs de piano, sinon les élèves feraient trop de progrès », affirmait le pianiste allemand

Moritz Moszkowski. En découvrant la réaction de la mienne s'intensifie en moi le désir farouche de devenir autodidacte au piano. Mais je dépends encore de son bon vouloir. Et j'essaye, en attendant de m'en affranchir ouvertement, de saisir toutes les occasions qui se présentent pour cela.

La rencontre avec Henri Barda en est une. Sa réputation d'homme discret, fuyant l'artifice du monde artistique, me ravit. Ma professeure de piano me recommande de suivre les stages d'été qu'il donne à Nancy. Je le rencontre une première fois à Paris, où il enseigne au Conservatoire national supérieur de musique. À contrecœur, je lui présente le répertoire qui m'a été imposé. Je souffre de ne pas lui offrir ce qui m'est le plus cher, d'autant que je pressens que lui saurait me comprendre. Car, tout à coup, il se met au piano et commence à jouer la *Deuxième Ballade* de Chopin. Alors je vois. Ce morceau dont la simplicité radicale est si terriblement difficile, car les deux mains ne jouent pendant plusieurs mesures qu'une seule note chacune qu'il est aisé, de rendre *insignifiante*, sans passion, ce morceau qui contient tout un monde avec seulement quelques notes, dans lequel l'interprète doit engouffrer le sien pour donner la pleine mesure de la musique, ce morceau, Henri Barda devant moi le joue comme personne. À peine est-il assis, c'est une infinité d'univers qui se déploie sous ses doigts, il cesse d'être professeur, il devient créateur. Et c'est cet homme qui m'accepte dans son stage à Nancy où j'ai décidé de m'inscrire pour l'été, choisissant également de participer aux activités de jeune soliste qu'il propose, avec concerts à l'appui !

Alors ma professeure de piano est loin et j'ose lui présenter mon amour. Je joue enfin devant lui ma terrible *Sonate*. Non seulement il l'écoute avec attention mais il me propose de choisir précisément ce morceau pour le jouer au concert qui clôture l'académie de Nancy, et me programme en dernier avec la présentation de ma propre *Sonate, opus 1*.

Ce qu'il me donne là, c'est bien plus que l'occasion d'un concert. C'est la conviction intime qu'il me faut suivre coûte que coûte mon intuition et rester au plus près de moi-même. Ce qu'il me donne, c'est une nouvelle espérance, celle d'être, malgré tout, entendue et comprise. C'est une foi renouvelée en mon étoile, et le courage de continuer pour atteindre mon rêve : le concours du Conservatoire national supérieur de musique de Paris.

À ROUEN, j'obtiens avec succès le diplôme d'études musicales de la Haute-Normandie. C'est à ce moment-là que j'ose quitter les cours de ma professeure de piano. Je veux poursuivre seule. Me donner toutes les chances de réussir et, pour cela, travailler les œuvres que je souhaite. Ne faire aucun compromis. Rester au plus près.

« C'est à la façon dont le maître regarde son disciple le dépasser que l'on peut juger de la qualité de celui-ci. Le maître véritable observe avec joie son élève s'éloigner de lui et emprunter son propre chemin viscéral et singulier ; le faux maître, au contraire, se sent blessé et le juge », a écrit le poète Yazuki.

J'ai quinze ans. Et le désir d'emprunter mon propre chemin, viscéral et singulier. Je le fais savoir. En pleurs, avec ce tremblement à l'intérieur de ma poitrine, je demande une « période de congé » concernant mes cours de piano. C'en est trop pour ma professeure dont je vois que sa colère folle est en train de la dévorer entièrement.

Un soir que je rentre rue Saint-Nicolas de retour du conservatoire, je rencontre Yang-Hi Kim en route vers chez moi. Il semble affolé. La professeure de piano n'a pas seulement tenté de m'expulser du conservatoire mais de France ! Elle s'est rendue en personne au consulat de Corée pour exprimer sa requête. Mon « grand-père » me demande quel a donc été mon forfait pour susciter une telle colère.

– Je lui ai joué la *Sonate* de Liszt et j'ai pris congé de ses cours, est ma seule réponse.

Le lendemain matin, au collège, la directrice me fait appeler pendant le cours de mathématiques. Je me lève au milieu des élèves qui me dévisagent avec étonnement. Ils sont là, tous assis, moi debout au milieu d'eux, et la situation est sans doute exceptionnelle et terrible pour que l'on me fasse sortir en pleine classe. Je marche avec hâte, j'entends le bruit du frottement de mon jean dans les couloirs déserts, mes chaussures qui claquent sur le sol. Il n'y a personne, c'est le monde quand il n'y a pas le monde, ce sont ces instants hors du temps où dans l'invisible quelque chose se déploie et se tend.

Dans la salle des professeurs l'atmosphère est pesante. Autour de la table il y a tous ces adultes assis et moi toute seule, quinze ans, toute seule, et seulement la musique, quinze ans, seulement le piano pour me tenir. Moi toute seule, au milieu du brouhaha, qui saisis des mots, des mots comme des flèches qui passent dans mon ciel et qui peut-être me blessent – « expulsion du conservatoire, expulsion de France » –, oui, assurément, me blessent.

La directrice du collège et le sous-directeur du conservatoire sont côte à côte, il y a aussi le professeur de musique et ma professeure principale. On me questionne, on me demande pourquoi j'ai quitté les cours de piano. Ma voix tremble dans ma gorge liquide pleine de larmes que je retiens dans ma poitrine comme un attelage dément. Je balbutie. J'essaie de dire, de leur dire simplement ce qui est.

– Je m'excuse. Je suis vraiment désolée. Je dois maintenant préparer mon concours d'entrée au Conservatoire de Paris et pour cela je n'ai plus qu'une année. Je dois pouvoir choisir moi-même les œuvres que je souhaite présenter pour me sentir libre et heureuse au piano. Je ne peux pas subir le choix de quelqu'un d'autre.

Le sous-directeur du conservatoire me juge agressive. La directrice le coupe :

– On devient agressif lorsqu'on est agressé.

Enfin, le professeur de musique intervient :

– Je comprends tout à fait ce que dit Lim. Je suis instrumentiste moi-même. J'ai étudié l'orgue et je peux vous dire qu'une leçon d'orgue ou de piano relève d'une alchimie entre deux personnes, un moment privilégié où l'entente est primordiale. S'il y a incompatibilité, il n'y a rien à faire...

Et la directrice du collège d'ajouter :

– Le problème, ce n'est pas Lim, mais la professeure de piano. Il est hors de question d'expulser Lim !

Je suis bouleversée d'entendre des adultes me défendre, ceux du collège notamment, que je fréquente avec si peu de zèle, tout occupée que je suis par la musique.

Et cette solitude que je croyais mienne, je comprends que d'invisibles feux follets l'ont accompagnée sur ma route. Et maintenant, ils sortent de l'ombre et d'un même élan ils me disent : « Allez, va, va, cours vers toi-même et accomplis ton rêve… »

Los Requiebros de Enrique Granados, la *Deuxième Sonate* de Schumann, un prélude et une fugue de Chostakovitch, telles sont les œuvres que je choisis de faire miennes pour me présenter au concours d'entrée au Conservatoire national supérieur de musique de Paris. Chaque jour, je m'enregistre, m'écoute, me corrige et recommence. C'est une litanie, une méditation, un désir, une volonté, une foi. C'est l'étoile en moi qui appelle. Et l'obstination qui répond. Au conservatoire de Rouen, plus personne ou presque ne m'adresse la parole. Je suis une paria. Il ne fait aucun doute pour la plupart que je vais échouer. Je suis jeune. Et j'apprends seule. Je *ne peux pas* réussir.

L'encouragement dont j'ai besoin, je le trouve dans la liberté que j'ai acquise. Dans cette conviction farouche et sauvage que la musique rend, à ceux qui la servent, le centuple de ce qu'elle en a exigé en termes de courage et de foi. Je crois à une justice invisible et entière. À une loi supérieure qui protège la vérité des cœurs.

Et puis il y a quelque chose d'excitant à vouloir obtenir ce que tout le monde tient pour inatteignable. L'inconscience de mes quinze ans me porte et m'élève.

Cette alchimie particulière de ma situation, c'est elle qui me redresse pendant toutes ces semaines et ces mois. Elle qui me relève lorsque je tombe sur la route, découragée par l'ampleur de ma tâche. Elle qui me protège quand j'ai froid à l'intérieur et que la solitude m'étreint de sa caresse folle. Elle qui me fait avancer un jour après l'autre, une œuvre après l'autre, avec ténacité. Jusqu'à ce matin de février 2003 dans la gare de Rouen.

En montant dans le train, ça frémit dans mes nerfs, il y a le cœur qui frappe et, tout au fond, ce calme intérieur étrange dont je ne sais rien. Le voyage dure plus d'une heure mais je suis hors du temps. Je circule à l'intérieur de mon enfance, sous le regard de ma professeure de piano d'Anyang, tout est si proche et si lointain, c'était demain et me voilà qui suis déjà le train.

Dans cet immense paquebot blanc qu'est le Conservatoire national de musique de Paris, je découvre plusieurs centaines de pianistes, prodiges venus du monde entier. Plus de vingt nationalités sont représentées et il y a là aussi bien les candidats coréens issus de cette filière de surdoués et de ses mamans-jupon qui a tant impressionné mon enfance. Tous là réunis pour passer les quatre examens dont dépend notre destin : la formation musicale, les œuvres au choix, le déchiffrage et enfin les morceaux imposés. Une dizaine d'entre nous, tout au plus, seront pris.

Seule, je me concentre sur ce qui a nourri mon travail pendant toutes ces années : le plaisir vertigineux de m'abandonner à la musique, la joie pure de jouer. Et c'est cette joie-là qu'aujourd'hui je veux partager avec eux, les jurés. Cette joie que je suppose être aussi la leur. Est-ce que j'ai peur ? Peut-être. Mais ma peur est recouverte par la perspective du partage. Au-delà du concours, il y a ce moment où nous sommes eux et moi ensemble dans l'amour de la musique, et cette volupté de leur offrir mes paradis et mes enfers, tout ce que j'ai vécu et qui imprègne ma façon de faire corps avec le piano. Ce que je leur donne ce jour-là, ce ne sont pas seulement mes heures de travail, les morceaux inlassablement recommencés, mais ma passion de vivre, je leur donne la petite fille d'Anyang et l'adolescente de Compiègne, je leur donne ma soif de toujours et mon désir de jadis lorsque, enfant, avec évidence et simplicité, je voulais devenir une lumière pour le monde, je leur donne mes tremblements et mes peurs, l'espoir de ma mère et la bienveillance de Marc Hoppeler, je leur donne la grâce d'Henri Barda et ma colère contre ma professeure de piano de Rouen, le soutien de la directrice du collège et mon audace à la préfecture, je leur donne mon amour pour la musique : tout cela est en elle, et plus encore. Je leur donne tout ce qu'on ne dit pas et qui pourtant fonde la terre de mon enfance. Ce pays aux frontières incertaines où la musique a constitué mon sol, mon roc, quand sous mes pieds parfois se dérobait ma confiance dans le monde.

Il n'y a personne pour me soutenir et cette absence est un espace où je respire, observant avec quelle tension les parents présents s'adressent à leur enfant prodige.

C'est seulement douze ans plus tard que j'ai appris de quel soutien, invisible et silencieux, je fus accompagnée. Ma mère, pendant cent jours, à mes côtés, a pratiqué les cent huit inclinations qui, dans le bouddhisme coréen, représentent un acte de vénération et d'humilité remarquable. Sur un large coussin elle s'est posée chaque matin debout, les mains jointes, et pendant plus de trois mois a accompli cette profonde révérence envers le monde qu'incarnent ces cent huit inclinations à l'égard du vivant, de ce qu'il y a de plus précieux en l'homme, sa part divine et son trésor. Elle ne m'en a rien dit et je n'en ai rien vu. À mes côtés, à mon insu, dans le petit appartement de la rue Saint-Nicolas, elle m'a soutenue, portée, accompagnée. Il n'y avait personne avec moi physiquement le jour du concours d'entrée au Conservatoire de Paris, mais il y avait bien plus. Il y avait l'amour de ma mère qui, invisible et silencieux, me hissait de ses bras attentifs et patients pour m'aider à m'ouvrir à l'Esprit.

Je rentre en train le jour même. Sans attendre les résultats. Je laisse mon numéro de téléphone à une candidate coréenne en la priant de me tenir au courant. La partie est jouée. Une étrange lassitude est en train de me gagner que je ne sais pas nommer.

À Rouen, je prends une douche en silence. Et en sortant de la salle de bains, je vois ma mère resplendissante de joie. Quelque chose d'elle ruisselle, si beau que cela me bouleverse.

La Coréenne vient de téléphoner. Je suis la seule de mon pays à avoir été reçue. La seule du conservatoire de Rouen.

– C'est une plaisanterie ? je demande à ma mère.

– Non, je te jure.

Je la prends dans mes bras et c'est sa joie que je serre contre moi. Je serre son espérance et ses encouragements. Je serre son soutien à mon égard, depuis toujours, et je crois bien que nous pleurons, je ris et je pleure, et je prends le téléphone pour appeler ma professeure de piano et lui annoncer la nouvelle.

Elle ne dit rien. Puis, d'une voix troublée et presque en colère, elle demande :

– Non, ce n'est pas possible. En es-tu certaine ?

– Je n'ai pas vu les résultats de mes propres yeux mais je crois bien que oui.

Elle a raccroché. Nous ne nous sommes jamais revues.

Je fais la une du journal local. France 3 filme un petit reportage.

Ainsi le voilà accompli, mon rêve. Entrer au Conservatoire national de musique de Paris... Cependant, ma mère s'apprête à quitter la France pour revenir en Corée. Comme je suis mineure, le célèbre institut parisien réclame la désignation d'un tuteur. Le consul honoraire, mon « grand-père », se propose aussitôt, jusqu'à ce que j'atteigne mes seize ans. Alors je fais une demande d'émancipation au tribunal d'instance de Rouen, qui me l'accorde sans difficulté : « Jugeant que cette enfant encore mineure, mais âgée de seize ans, en état de gouverner seule sa personne et ses biens, la requérante (*ma mère*) sollicite qu'il nous plaise de prononcer son émancipation. Il résulte des investigations auxquelles nous avons procédé que son père vit en Corée du Sud et que sa mère est sur le point de repartir en Corée du Sud. La jeune mineure a déjà fait preuve d'une grande maturité et d'une autonomie affirmée. Les motifs ainsi invoqués, notamment la poursuite de ses études artistiques au Conservatoire national supérieur de musique de Paris, sont justes et la mesure sollicitée opportune. Par ces motifs, nous prononçons l'émancipation de Mlle Lim. Une expédition sera envoyée au procureur de la République ainsi qu'au juge des enfants. »

« SA MÈRE est sur le point de repartir en Corée du Sud… » C'est ce qui a lieu. Encore un matin de séparation, un matin de larmes derrière les vitres, et de mouchoir pressé entre les doigts. Un matin où encore une fois ma mère s'en va qui me laisse indépendante et libre, et mon rêve accompli.

Est-ce donc seulement cela, accomplir son rêve ? Est-ce donc là l'enjeu de tant de pouvoirs, d'espérances et de déceptions, de vie gâchée ? Je pense à ma « tante » et à son insondable chagrin, je pense au cœur inconnu de mon père-caïman, et à l'amour de ma mère-sésame, aux *kimchi* d'Anyang, à Marie et à Cléha, je pense à Marc Hoppeler, aux heures de nuit à guetter l'apparition du linge sur la terrasse de l'immeuble du grand pont – Daekyo – en Corée, à l'église de Compiègne, au vieil homme avec son réveil bleu, je pense à Chopin, à Liszt, à mes frères, à ce qu'on ne dit pas et que les notes seulement peuvent manifester au monde : un parfum, un rêve, le souffle divin.

J'ai accompli mon rêve et ma soif est intacte. Je le découvre. Et cela me bouleverse. Quel est-il donc alors, mon véritable rêve ? Celui conduisant à la source qui désaltère enfin ?

Ma mère est rentrée en Corée. Son cousin, depuis plusieurs mois, est en relation avec Vénérable Pomnyun Sunim dont il a envoyé, à Rouen, des cassettes de l'enseignement. Ma mère l'a beaucoup écouté pendant notre séjour commun et les bribes que j'en ai entendu m'ont maintes fois interpellée.

J'apprends qu'il vient en Allemagne et, au milieu de cet étrange été où tout est accompli et où rien n'a réellement eu lieu, je décide de suivre la retraite spirituelle d'une semaine qu'il propose. Je dois rentrer au Conservatoire de Paris en septembre, mais quel sens cela a-t-il réellement ? J'ai besoin de repères, d'explications, d'une ligne à suivre.

Vénérable Pomnyun Sunim – tout comme Vénérable Seongdam Sunim, que je rencontrerai plus tard – est un moine atypique. « Vénérable » est un titre que l'on attribue aux maîtres bouddhistes coréens et Sunim désigne le « moine » en coréen, comme Rinpotché ou Lama en tibétain. Très engagé dans la vie active, Vénérable Pomnyun Sunim ne forme pas de disciples mais invite chacun, au contraire, à agir là où il est. « Agir comme Bouddha plutôt qu'être Bouddha », comme me le dira Vénérable Seongdam Sunim.

La retraite a lieu près de Francfort, dans un petit village en pleine nature. Elle n'est pas ouverte aux mineurs mais ma bonne étoile a veillé. Mon attestation d'émancipation me sauve.

Nous sommes là une douzaine à suivre l'enseignement de Yusoo Sunim, l'unique disciple du Vénérable. La maison de bois au milieu des arbres ouvre sur une campagne. Tout est verdoyant. Même le sourire de Yusoo Sunim est verdoyant.

Il n'y a plus de temps. Plus de montre. Lorsqu'on vient nous réveiller dans le dortoir, il fait encore noir. C'est l'heure de la méditation suivie du petit déjeuner. Tout est méditation. La façon dont on retire ses chaussures et les aligne l'une à côté de l'autre en un carré parfait. La vaisselle que l'on plonge dans trois bacs successifs avec attention. Un bac de farine mélangée à de l'eau pour ôter les résidus, et deux autres bacs d'eau claire pour rincer et obtenir un résultat irréprochable. Pas de liquide vaisselle. Nous prenons soin de la maison dans un souci constant du respect des êtres vivants et de la nature.

L'étude quotidienne vise à remettre en cause l'existence de notre moi et à identifier ce qui relève de lui ou du soi. Aux promenades succèdent les débats où je trouve à nourrir toutes les questions qui m'habitent.

Je pense à cette phrase que ma mère me disait souvent :

– Si incommensurable que soit la beauté de la plus

célèbre des courtisanes, Yang Guifei, elle est éphémère et futile. La beauté est superficielle, elle ne dure pas.

C'est une chose que je sais depuis longtemps. Que le corps n'est qu'un véhicule, et que l'on n'emporte rien dans la mort ; qu'il est plus intelligent et plus juste de cultiver et de nourrir cette beauté essentielle en soi, invisible et subtile. Mais je le sais sans le *savoir*. Et je sens bien qu'il y a là, dans l'enseignement du bouddhisme, quelque chose de neuf dont l'expérience crée progressivement un espace bouleversant en moi.

Pour la première fois s'opère cette alchimie invisible et miraculeuse où je me déprends de moi-même. Je suis moi mais je ne suis pas seulement cela. Je suis cet autre dont Lim n'est qu'une manifestation. Et jour après jour, ce moi illusoire et agité se distingue de la nature de mon esprit observateur et imperturbable.

C'est une épiphanie dans ma vie. La révélation d'un champ entièrement neuf qui s'ouvre à moi, infini, merveilleux. Ah oui, il s'accomplit mon rêve… celui pour lequel j'ai quitté la Corée à douze ans, car j'ai trouvé quelque chose de plus grand que l'amour de ma mère, plus sûr que le piano, plus immense que la musique. Cette liberté que je cherchais, cette soif d'absolu qui était la mienne, la musique n'en était que l'instrument, et le piano l'outil. Oui, le musicien explore la sagesse intérieure, il en trace la cartographie à tâtons, mais succès, honneurs, argent, possession et concours encombrent cette route déjà si escarpée et si fragile. En rencontrant le bouddhisme, tout me semble vain, et je n'ai plus qu'un seul désir : devenir nonne. C'est un sentiment d'urgence. Car il me semble enfin avoir trouvé la voie parfaite, hors de toute compétition, pour honorer cette vocation qui est toujours mienne : rencontrer l'absolu.

J'en informe aussitôt ma mère, qui me soutient sans faillir.

– Si c'est ce qui te rend heureuse, bien sûr, je t'aiderai. D'autant que devenir nonne te permettra de vivre avec un cœur paisible.

Vénérable Yusoo Sunim, lui, ne l'entend pas de cette oreille :

– Pourquoi voulez-vous absolument devenir nonne ? En tant que musicienne, vous pouvez apporter votre contribution au monde. Imaginez qu'un dictateur, ayant le dessein d'envahir un pays, entende votre musique et oublie ses pensées diaboliques pour finalement se tourner vers la lumière. C'est comme si vous aviez sauvé une nation…

Une vie loin de la spiritualité me paraît pourtant dérisoire, insensée. La découverte d'un monde enfin *vrai*, au-delà des illusions et des masques, m'attire plus que tout. Mais rien n'y fait. On ne s'abandonne pas à Dieu par refus du monde. De même qu'on n'embrasse pas la vocation religieuse par peur de rencontrer son ombre.

Yusoo Sunim ne m'accepte pas comme disciple. Je comprendrai plus tard ce que le moine me disait alors.

Le piano n'a été qu'un outil pour permettre à la jeune fille assoiffée que j'étais de quitter son pays. En choisissant d'embrasser la voie religieuse, je resterais attachée à l'outil. Je serais encore emprisonnée. Il faut avoir l'humilité d'honorer son talent. Et l'absolu, s'il n'a qu'un seul visage, les a tous. Il me faudra longtemps avant de l'intégrer réellement, et sur le chemin du retour, mon cœur est lourd.

Rien ne me semble plus précieux alors que le trésor que j'emporte avec moi d'Allemagne. Ce trésor, je ne sais comment le nommer, mais il est immense. Aussi indescriptible, ineffable et insaisissable que l'intensité de sa présence dans tout mon être. Il parle d'humilité et de retrait. Il est aussi léger que les fleurs des champs et discret comme un pétale qui tombe. Il court dans les rivières, vole avec les oiseaux. Il a la forme d'un bol, d'une paume posée sur un visage en larmes. Il est rugueux comme la terre. Et franc comme la faim. Il désaltère et s'imprègne avec la même force que la prière. Je le protège avec la férocité d'une louve. Il est mon repos et mon tourment. Ce qui désormais soustendra tous mes choix.

À Paris

POUR HONORER mon entrée au Conservatoire, mes parents me font savoir qu'ils ont décidé de m'offrir mon premier piano à queue. Un piano rien qu'à moi ! Après de nombreuses visites dans divers magasins, mon choix s'arrête sur un piano d'occasion en bois d'acajou.

J'ai le piano. Ne me manque plus que l'appartement pour l'y installer et pouvoir y jouer. Cela se révèle bien plus difficile à trouver. Chaque fois que j'évoque mon piano, les portes se ferment. Ou alors les prix sont inabordables. Je me bats. Après des recherches acharnées, je me résigne à m'installer en banlieue. Mais là encore, les refus s'accumulent, si bien que je finis par signer, avec une naïveté déroutante, le bail d'un garage en bord de route, sans aucune conscience du cauchemar qui m'attend.

J'ai la sensation d'avoir empoché le jackpot. Je vais enfin pouvoir vivre avec mon piano et jouer sans me soucier du voisinage.

L'odeur de moisi, la lumière blanche du néon, le

carrelage glacial, les trois pauvres soupiraux grillagés en guise de fenêtres, trop hauts pour y voir quoi que ce soit, je ne remarque rien de tout cela quand je visite le lieu.

La porte du garage que je ne pourrai guère laisser ouverte, à moins de supporter que la rue tout entière s'invite dans mon appartement, je n'y songe même pas. Je n'entends pas les camions qui déboulent de la sortie d'autoroute située à quelques rues de là.

La douche en plastique plus proche d'un cercueil que d'une salle de bains ne me fait aucun effet. Ni le placard qui sert de cuisine. La seule chose que je regarde, c'est cet espace vide au milieu de la pièce où je pourrai installer mon piano. Je signe sur-le-champ.

Après des années de travail et de lutte pour accomplir mon rêve, j'ai la sensation que je vais enfin pouvoir me poser en sécurité dans la vie. L'une des meilleures écoles de musique au monde vient de m'ouvrir ses portes. Il me semble alors que toutes les autres vont s'ouvrir avec elle.

À la préfecture de Créteil où je fais renouveler mon titre de séjour, je découvre le contraire. Rodée par mon expérience rouennaise, je m'y rends de bon cœur et de bon matin, sachant ce qu'il en est. Il fait encore nuit, à cinq heures et demie, lorsque je découvre une foule innombrable qui attend devant la porte. La mine des gens a quelque chose de triste et désolé. Affolée, je m'adresse aux premiers de la file pour leur demander à quelle heure ils sont arrivés.

– La veille ! Nous avons dormi sur place. Vous avez de la chance, il n'y a pas tellement de monde aujourd'hui, peut-être arriverez-vous à entrer dans l'immeuble avant qu'ils ne ferment les portes, même en étant arrivée si tard.

La pluie se met à tomber. Il fait froid. Il fait noir. Je suis debout près d'une fille aux yeux bleus, blonde. Elle ne parle pas français. Nous essayons d'échanger quelques mots. Je comprends qu'elle vient d'Europe de l'Est. Il y a dans ses yeux une angoisse et une peur immenses. Quelque chose de fragile et qui tremble.

Nous attendons. Inlassablement nous attendons. Et j'ai la sensation que nous attendons ensemble. Des heures. Sous la pluie. La colère me vient.

Un homme de grande taille surgit soudain qui chante de sa voix de ténor :

– *Union European ! Union European !*

Plusieurs mains se lèvent.

– *You can come inside the building.*

Je me presse pour aller lui parler. Je rassemble ce qu'il y a en moi d'intelligence active pour me montrer aimable.

– Bonjour, monsieur, pourriez-vous s'il vous plaît nous laisser entrer à l'intérieur ? Il fait tellement froid.

– Non, c'est impossible.

– Pourquoi ? Ne pouvons-nous pas nous aussi attendre à l'intérieur avec les autres ?

– Seulement les membres de l'Union européenne.

– Pourquoi ? Vous voyez bien que nous avons tous très froid.

– Il ne fallait pas venir dans notre pays, alors… Il fait froid ici. Retournez chez vous si vous avez trop froid !

– Vous prenez la mesure de ce que vous dites ?

Je retourne à ma place que ma voisine m'a gardée. Ma colère a soudain mille visages. Celui de l'injustice épousée par l'abus, de l'impuissance qui me tord face au système écrasant, et c'est une colère d'enfant éternelle et vivante.

Nous attendons encore. J'essaye de me calmer. Enfin nous sommes appelés à l'intérieur. Les guichets sont fermés. Mais au moins nous pouvons nous asseoir.

Le temps dilaté s'étire. Je pense aux cours que je suis en train de manquer, à tout ce qu'il m'a fallu d'obstination et de force pour être là et que les employés par leur passivité hostile réduisent à néant.

Nous échangeons parfois avec ma voisine dans un anglais approximatif. Elle finit par me demander de lui garder sa place pendant qu'elle se rend aux toilettes. Ce sont ces quelques minutes qu'une employée choisit pour surgir des guichets et nous demander, avec mauvaise humeur, de déposer nos passeports dans une boîte en carton.

Il est trop tard quand ma voisine revient. La boîte a déjà disparu. Je la vois toute petite soudain qui se noie dans ses larmes. Je voudrais la prendre dans mes bras, inventer quelque chose pour briser l'étau où nous sommes prises. Je lui propose qu'elle vienne avec moi au moment où les employés m'appelleront. Ce que je fais.

En entendant mon nom, nous nous levons ensemble. J'explique. Je demande à ce que son dossier soit pris avant le mien. La femme refuse.

– Ce n'est pas mon problème. Qu'elle revienne un autre jour.

– Mais elle a manqué tous ses cours, nous avons attendu des heures, elle est juste allée aux toilettes !

– Ce n'est pas mon problème. Elle n'avait qu'à être là quand on passait.

Je la regarde droit dans les yeux et lui assène très calmement, comme s'il s'agissait de forger son destin, syllabe après syllabe, ces quelques mots :

– Madame. Vous avez. Une pierre. À la. Place. Du cœur.

Sa colère éclate. Ma voisine se met à pleurer.

Les policiers arrivent. Je raconte à l'un d'entre eux ce qui s'est passé. Il acquiesce, me fait un clin d'œil et s'adresse à la femme. Je n'entends pas ce qu'il lui dit mais mon dossier et celui de ma voisine sont acceptés aussitôt. Elle me serre dans ses bras. Au policier j'ai parlé de la musique. De mon piano. Je lui ai dit la vérité. Il m'a entendue. J'ai chaud. Je suis fatiguée et heureuse d'avoir réussi ça : être passée, malgré tout, entre les fils de l'ignorance et de la bêtise ; ne pas m'être laissée écraser par la force du système, de son implacable loi ; avoir rencontré un homme, pas seulement des chiffres.

Je fais l'effort d'imaginer la vie des employés de la

préfecture de Créteil. Cette lassitude qui doit être la leur. Cette marée humaine qui sans cesse demande, et qu'ils ne peuvent pas sauver. Je fais cet effort. Et pourtant... Toute forme d'abus, quel qu'il soit, fait monter ma colère. Je me souviens du commentaire de ce chef d'orchestre réputé, à propos des enfants mourant de famine en Somalie. Inutile selon lui de nourrir de tels enfants, ils ne deviendraient « rien ». Mais n'est-ce pas lui, ayant accès à tout, qui est devenu ce « rien » qu'il évoquait ?

Si Beethoven m'a à ce point bouleversée, c'est aussi par son caractère inflexible. Cette façon qui fut la sienne d'agir librement, en dépit des classes sociales, et dans sa relation à un homme, de ne pas tenir compte de son rang.

Le prince Lichnowsky qui priait le compositeur de jouer un morceau pour la galerie ne fut pas exaucé. Après avoir frappé avec insistance à sa porte, Beethoven sortit, prêt à briser une chaise sur la tête de son mécène. Il fallut qu'on s'interpose. « Vous devez votre rang à votre naissance, dira plus tard le musicien à Lichnowsky. Je dois le mien à mon travail. Il y a toujours eu et il y aura encore des milliers de princes. Mais il n'y a qu'un Beethoven. »

C'est à cette époque que j'ai commencé à lire le *Livre tibétain des morts*. Cela aide pour fréquenter les vivants...

PEU DE TEMPS après mon installation dans mon appartement-garage, je commence à ressentir le manque d'air et de lumière. La nuit, le grondement des camions m'assaille que mon piano ne couvre pas. Mais je peux jouer. Ce que je fais chaque soir. Ce soir-là, je joue aussi, lorsque je perçois un bruit frénétique et répétitif, comme si quelqu'un fouillait dans ma poubelle. Je suis dans la musique. Je continue d'y rester. Le bruit insiste. Je m'en éloigne. Il revient. Et avec lui les images. Le bruit, puis les images. Et la peur. Celle d'une présence qui se serait introduite chez moi. Je me lève dans un sursaut brusque. Le bruit cesse net. Alors, j'imagine tout. L'homme dissimulé dans mon garage – mais où pourrait-il se cacher et comment serait-il entré puisque j'étais là *tout le temps* ? –, l'homme qui, la peur m'engloutissant soudain, est arrivé dans mon garage *comme par enchantement* et qui attend pour m'agresser. Je regarde, terrifiée, vers le placard-cuisine pour localiser un couteau sur l'évier. Je décide de compter jusqu'à trois pour courir m'en saisir. Un, deux... une forme vivante obscure surgit soudain à toute vitesse vers les toilettes. C'est un rat ! Un rat !

Je crie et sors précipitamment de chez moi. Un camion passe qui manque de me renverser. Je suis terrifiée. Il est minuit. Je ne sais pas où aller. La solitude me happe comme elle me happait à Anyang les soirs d'absence, lorsque ma mère-sésame s'enfuyait de l'immeuble. J'ai besoin d'une présence pour calmer ma peur. Aller vers la gare ? Le trajet jusqu'à la station de RER est désert mais peuplé d'hommes dont le désœuvrement se nourrit du tourment qu'ils infligent aux passantes. J'entends tout à coup le bruit de bouteilles de verre qui se brisent. Plusieurs jeunes sont en train de se battre. L'un d'eux m'aperçoit, s'approche, une bouteille à la main. Je me précipite vers la maison pour retrouver mon rat. Ma peur me fait trembler et la clé cogne contre la serrure. Enfin, j'ouvre et referme la porte à double tour. Ma peur est folle. Ancestrale et folle. Je me couche épuisée.

Le lendemain, les dératiseurs inondent mon piano de fumée blanchâtre. Je l'abandonne là parmi les rats. Je suis fatiguée en allant au Conservatoire. Arrivant au milieu du cours d'improvisation, j'explique la raison de mon retard.

– Les rats ! Vous n'avez rien trouvé de mieux comme excuse ? me dit le professeur.

Alors que j'éclate en sanglots, il comprend enfin que oui, il comprend : les rats, oui, c'est vrai.

Dans mon garage, je dors désormais avec un couteau sous l'oreiller. Un plombier est passé pour une fuite. Mes clés ont disparu ce jour-là.

Marie et Cléha sont venues me rendre visite. Se sont fait agresser en plein jour. Une autre fois, c'est moi que l'on accoste. Je m'échappe. Mon univers se peuple de sombre. Je suis sans cesse sur mes gardes. Habitée par la méfiance.

Mon propriétaire venu frapper à ma porte, je lui ouvre en dissimulant un long couteau derrière mon dos. Quand il me dit bonjour et me demande comment je vais, je m'effondre en larmes. Je suis à bout mais je ne le sais pas. Mon pays me manque atrocement. La solitude m'étouffe. J'ai peur. Partout. Tout le temps. Je vis sur le qui-vive, en alerte, traquée, avec l'angoisse d'être expulsée de France à chaque moment. La vie rugueuse m'écorche et me blesse. Je me morcelle. J'ai lutté pour mon rêve et mon rêve m'agenouille. Je commence à tomber. Je glisse. Où est-elle, la liberté que j'ai voulue en quittant la Corée ? Où est-il, mon trésor que j'ai rapporté d'Allemagne ? C'est lui que je traque désormais dans l'esprit de la musique et ses compositeurs : qui servent-ils ? Et comment ? C'est lui qui aiguise mon oreille quand j'écoute une interprétation : untel a-t-il mérité de jouer cette grande fugue ? Soit il ne le peut pas et il ne la joue pas. Soit il prend le risque de mourir, d'échouer, de déraper, de perdre la face. La musique est dangereuse. Elle exige qu'on s'expose. On ne peut pas jouer une œuvre à moitié.

Attirée par l'effacement de l'ego auquel m'a initiée ma retraite bouddhiste, je suis en même temps éblouie par la puissance sublime des grands compositeurs romantiques dont la personnalité est, au contraire, mise en avant. Tiraillée entre l'un et l'autre, je traverse une crise musicale aiguë. Dois-je protéger la musique de la vulgarité de la personnalité de l'interprète, comme l'avait jadis affirmé le pianiste Sviatoslav Richter ? Que veut dire laisser entendre la musique aussi pure qu'elle a été écrite ? Est-ce cela, l'effacement de l'ego ? Mais qu'en est-il alors de mon identité et de mon interprétation propre ? Où est ma place ? Car n'est-ce pas moi qui, au piano, révèle à travers ma personnalité unique telle ou telle œuvre ?

Vénérable Seongdam Sunim résoudra plus tard cette question avec la simplicité qui le caractérise.

– L'effacement de l'ego ne peut être un but en soi. L'ego vit dans l'illusion, séparé des autres, en proie au désir de possession d'où résultent souffrances et plaintes. Il se croit indépendant et capable de vivre par lui-même. Or il a besoin de l'oxygène, du soleil, du vent, de la terre, tout comme un arbre, pour survivre. En vérité, nous sommes tous interdépendants. Personne ne peut vivre seul, aussi rusé soit-il. En abandonnant cet ego – ce petit moi – on retrouve l'Un. Dans un langage plus enfantin, on pourrait dire la chose ainsi : Tout est moi. Parce que je réalise que tout est moi, je prends naturellement soin de chaque être vivant comme de moi-même. Quand le foie est malade, le cœur ne lui dit pas : «Regarde comme je travaille dur pour que tu ailles mieux.» L'effacement de l'ego est un processus pour accéder à l'état de non-jugement qui est notre être véritable. Cela ne se fait pas dans la frustration mais dans le plein épanouissement. Bouddha nous dit que notre être est déjà éveillé. J'enseigne à mes disciples de ne pas chercher l'éveil toute leur vie. Il n'est pas à atteindre puisqu'il existe déjà au fond de nous. Sachant que nous pouvons mourir à tout moment, comment être avare ? Comment se plaindre quand nous sommes si redevables envers la vie ? Au moment où notre esprit prend conscience de cela, il n'y a plus besoin d'aucun effort particulier car alors il est déjà libéré.

MA SOIF GRANDIT. Ma radicalité aussi. Je commence à éprouver la faim de moi-même. Plus je vis avec la musique, plus le mystère s'élargit. J'apprends des notes. Selon Henri Barda, elles sont animées de leur propre désir, elles n'ont de nous aucun besoin, sauf à être transparents pour les laisser s'exprimer, vivantes entre nos doigts. Dans mon isolement, Henri Barda est un phare. Je suis égarée dans la nuit. Par la musique, il me ramène sans cesse vers la rive. Son oreille unique lui permet de saisir la relation intrinsèque et intime qui lie les notes entre elles. Il sait que la musique est dans la distance entre une note et une autre. Tout, du toucher au rubato, découle de cette connaissance-là.

J'aime ce souci déconcertant qui est le sien de ne pas « toucher aux ADN musicaux innés en chacun » et, partant, d'« enseigner le moins possible ». Ce qui lui importe, c'est de laisser chacun être lui-même. Avec quelle humilité il me dira cette phrase bouleversante :

– Je ne t'ai pas empêchée d'être toi.

En plus de ses cours réguliers, le jeudi au Conservatoire, j'aime aller lui jouer mes morceaux lorsqu'il m'y invite, y compris le week-end. Chaque fois, avant de frapper à la porte de la salle de piano, il me vient cette sensation d'être au seuil d'un lieu sacré, mystérieux, où sont gardées secrètes depuis des millénaires les formules magiques qui ouvrent aux mondes paradisiaques. J'y arrive quand il fait jour, nous en sortons à la nuit. Le temps n'a pas passé. Nous sommes partis ailleurs. Loin. Avec Chopin ou un autre. Tous les deux amoureux de la même chose, la musique. Parfois, il m'emmène dîner en ville. Cela me fait du bien. C'est un peu de douceur qui se partage, un peu de solitude qui s'épuise. Celle que je vais user également à la librairie des Champs-Élysées, ouverte jusqu'à minuit. Je dévore des livres. Ils s'amoncellent sur mon lit, dans mon garage, où j'apprends à détester George Sand de ne pas aimer assez Chopin. Dans le feu de mon adolescence, je méprise Marie d'Agoult, la maîtresse de Liszt, et leur langue de vipère à chacun, quand Chopin, lui, jamais ne méprise ni ne juge. Je commence à *chercher* Beethoven.

Mes relations avec mes camarades au Conservatoire sont pauvres. Nos vies diffèrent si franchement. Un jour que je me risque à inviter une amie pianiste à la maison, elle reste stupéfaite par ma façon de cuire les courgettes. Mes deux plaques électriques ne fonctionnant plus depuis longtemps, j'ai pris l'habitude de cuire mes légumes directement dans la bouilloire... Cela ne me paraît pas si extravagant. À elle, si. De même les livres innombrables qui envahissent mon lit où je devise jusqu'à trois heures du matin, yaourt et cuillère en main, assoiffée de partage avec elle.

Les étudiants du Conservatoire que je vois en compagnie de leurs frères et sœurs, ou de retour de vacances en famille, me semblent appartenir à un monde d'une étrangeté attirante et inaccessible. Ils sont « normaux ». Personne ne les dévisage, personne ne leur lance de ces commentaires que j'entends chaque jour dans la rue ou dans les couloirs du RER.

Encore aujourd'hui, j'éprouve un plaisir indéfinissable à prendre le métro en Corée où, quelle que soit la direction où mon regard se tourne, je ressemble à tous les autres dont la présence ordinaire ne semble pas s'apercevoir de la mienne. Je retrouve cet esprit que l'on désigne sous le nom de *jeong*, dont la traduction est bien délicate. Il s'agit d'une entraide naturelle et chaleureuse entre des inconnus. Une sorte d'énergie fraternelle qui circule entre tous. Une amitié qui préexiste entre les êtres du seul fait qu'ils sont vivants au monde. J'y suis chez moi. J'y suis « normale ». Alors je prends la mesure de ce qu'a été mon adolescence et la béance qu'elle a laissée en moi.

Cette béance, c'est celle qui a permis la radicalité de mon rapport à la musique, je le sais, qui a créé entre elle et moi cet amour absolu, berçant de ses notes l'enfant que j'ai été. Cette petite fille a survécu en moi et, comme tous les enfants qui savent ce dont les adultes n'ont pas la force de se souvenir, elle se rappelle sans cesse qu'il y a davantage que cette réalité qui nous contient : il existe un monde de mystère plus riche et plus grand que tout ce que nous pouvons imaginer. Parce qu'ils n'ont pas encore de certitudes ni de pensées toutes faites, les enfants peuvent le voir, ce monde de l'infini où tout est possible et vivant.

La musique conduit jusqu'à ce monde. Jouer, ce n'est pas rendre à la perfection l'exactitude des notes. C'est beaucoup plus que cela. C'est pénétrer dans cet ailleurs dont parle Brahms quand il évoque ce « Nous, formant Un avec le Créateur. (...) Je réfléchis à tout cela avant de composer. C'est le premier pas. Lorsque je me sens un élan, je m'adresse tout d'abord directement à mon Créateur, et je lui pose les trois questions les plus importantes de notre vie sur terre : d'où – pourquoi – où ? Immédiatement après je ressens des vibrations qui pénètrent mon être tout entier. C'est l'Esprit qui illumine les forces cachées de mon âme, et dans ce ravissement, je vois clairement ce qui est obscur dans mon état d'esprit habituel. Alors, je me sens capable de recevoir mon inspiration d'en Haut, comme le fit Beethoven ». Dans ses *Entretiens avec de grands compositeurs*, Arthur M. Abell, journaliste et critique musical du début du XXe siècle, raconte ce que Grieg lui répondit lorsqu'il lui rapporta les propos de Brahms : « Ce que Brahms vous a dit a éveillé en moi un savoir qui sommeillait, ou plutôt des connaissances mal assimilées. Je prends conscience à présent que ses expériences vécues dans ce domaine mystérieux sont semblables en bien des points à ce que j'ai moi-même éprouvé. Seulement, lui possédait la capacité de coordination mentale à un si haut degré qu'il était conscient de ce qui se passait en son for intérieur, alors que moi, je ne le suis pas. J'ai fait instinctivement ce que Brahms a fait aussi bien d'instinct que consciemment. J'ai composé selon l'inspiration du moment, sans comprendre que j'avais affaire à de grandes lois cosmiques ; alors que Brahms, tout comme Beethoven, avait conscience de ce que la Toute-Puissance les assistait. Seul un génie créateur suprême peut atteindre à de tels sommets. »

C'est ainsi que, progressivement, mon aspiration au plus haut s'éploie dans la musique. La musique est spiritualité, et en me consacrant à l'une je m'abandonne à l'autre. Beethoven, plus que n'importe quel autre, m'apprendra à quel point. Mais l'heure n'est pas encore venue de Beethoven.

PORTÉE PAR LE DÉSIR de m'améliorer, je décide de prendre des cours en plus de ceux qui sont obligatoires au Conservatoire. J'ai un besoin urgent d'*expansion*, pas seulement en tant que musicienne mais en tant qu'artiste. Je fais partie de six groupes de musique de chambre et m'intéresse à l'improvisation, aux cours de musique pour l'image, travaillant longuement sur l'analyse du film de François Truffaut *La Femme d'à côté*. Je découvre avec quelle subtilité la musique vient, de ses thèmes obsédants, dramatiser la relation passionnelle entre les deux amants que sont Fanny Ardant et Gérard Depardieu.

Je passe également le concours de direction d'orchestre pour suivre les cours en option. Je travaille avec des chaises vides que j'aligne devant moi. Nous sommes six étudiants à être reçus. Je suis la seule fille et la seule mineure, un peu intimidée au milieu de ces trentenaires, mais je me souviens de cette phrase qu'Henri Barda m'a lancée durant le premier stage que j'ai suivi avec lui à Nancy :

– Tu n'as pas quinze ans mais trois mille, trois mille ans !

Et quel plaisir d'étudier avec le maestro François-Xavier Roth qui nous apprend à collaborer avec les chanteurs dans l'opéra de Haendel *Alcina*. Nous travaillons avec l'orchestre des lauréats du Conservatoire, ce qui nous permet de nous exercer en situation réelle, dirigeant des œuvres telles que le *Deuxième Concerto pour piano* de Chopin, le *Concerto pour clarinette* de Jean Françaix, la *Kammersymphonie* de Schönberg ou la redoutable *Sur Incises* de Boulez...

J'explore aussi le théâtre avec une professeure d'art dramatique de la Comédie-Française qui nous fait jouer dans *L'Avare* de Molière où j'interprète le rôle d'une jeune fille désinvolte.

David Walter, professeur de hautbois et arrangeur, me bouscule lorsque je lui joue du Mozart. Alors qu'Henri Barda a toujours souligné, et encouragé, la liberté de mon jeu avec Chopin, Poulenc ou Rachmaninov, M. Walter pointe, au contraire, ma réserve liée à Mozart. Tel un lutin sautillant sur un balai imaginaire, il me lance, au moment où j'attaque le troisième mouvement de la *Sonate pour deux pianos en* ré *majeur* :

– Mettez donc de côté votre politesse asiatique, elle ne nous intéresse pas ! Mozart était un grand enfant foufou, amusez-vous, sautillez comme une enfant lorsque vous jouez Mozart !

Je me libère, laissant derrière moi les années où, coincée devant mon piano, j'éprouvais encore une forme de timidité – et même de pudeur – à extérioriser le vertige des émotions qui me traversaient. L'exaltation que je ressentais alors à travers la musique, je ne savais pas la *tenir*, et là où je voyais une faiblesse, j'apprends au Conservatoire à en faire une force.

Je ne crois pas à la retenue en musique. Oui, Mozart était extraverti. La joie de vivre et la légèreté faisaient partie de sa vie, comme ses lettres en témoignent. Sa musique est espiègle, elle appelle à la fête, au grand vivant. Beethoven et sa grandeur nous emportent, Schubert et sa douceur nous tordent de félicité comme de mélancolie. Je lis avec passion les conseils de Chopin à son élève Emilie von Gretsch : « Il me semble que vous n'osez pas vous exprimer comme vous le ressentez. Plus de hardiesse, de laisser-aller. Imaginez-vous que vous êtes au conservatoire et que vous y entendez la plus belle exécution du monde. Veuillez l'entendre, et vous l'entendrez ici par vous-même. Ayez pleine confiance en vous-même, ayez la volonté de chanter comme Rubini, et vous y réussirez. Oubliez qu'on vous écoute et écoutez-vous toujours vous-même. Je vois que la timidité, que le manque de confiance en vous sont une espèce de cuirasse sur vous, mais à travers cette cuirasse, j'aperçois autre chose que vous n'osez pas toujours avouer. »

Les compositeurs eux-mêmes, à travers tout ce que je lis à leur propos, m'affranchissent. Alfred Cortot aussi dont le livre *Cours d'interprétation* est une mine pour mes seize ans impatients de progresser et d'apprendre. « Il existe à la base de l'inspiration du compositeur, écrit-il, un sentiment que le devoir de l'interprète est de retrouver pour le restituer à l'auditeur. (…) Développer chez les musiciens ce don d'extériorisation qui fait le talent de l'interprète et sans lequel la musique est lettre morte. (…) Nous nous contentons trop souvent de dire, sinon par négligence, du moins à cause d'une sorte de pudeur assez inexplicable : "Jouez plus fort, plus doucement, n'oubliez pas cet accent, il est indispensable." Indispensable… à quoi ? Il en résulte que là où l'auteur nous a crié son désespoir, exhalé la peine ardente de son amour, nous n'arrivons trop souvent qu'à présenter une sorte de formule conventionnelle, par laquelle le langage brûlant de la musique devient comparable aux poésies à l'usage des pensionnats de demoiselles. (…) Nous allons, si vous le voulez bien, déclarer la guerre à "l'art d'agrément", à la perfection dentellière du jeu d'où l'âme est absente. (…) Vous chargerez alors vos doigts de traduire votre pensée. Vous deviendrez un interprète et non un exécutant. »

On ne me le dit pas deux fois !

Non, il ne faut pas être faible et malade pour jouer Chopin et l'apparition d'un *fff* dans sa musique n'est pas une faute grave punie par une loi préétablie qu'assénerait une sorte de ICFP (International Chopin Federation Police) ! D'où vient-il que Brahms devrait être joué « gros », ample, et Prokofiev agressif avec des mains de fer ? Qui décide d'un style « beethovénien » que Beethoven lui-même aurait ignoré ? Peut-on raisonnablement parler d'un style « chopinien » ? Dans son livre *The Great Pianists*, Harold C. Schönberg rapporte qu'un jeune homme, alors qu'il jouait la *Polonaise militaire* de Chopin devant ce dernier, cassa l'une des cordes du piano. Il se confondit en excuses et le compositeur de lui dire : « Jeune homme, si j'avais votre force physique et que je jouais cette *Polonaise* comme elle doit être jouée, il n'y aurait plus une seule corde dans le piano à la fin. »

Aux mesures 137-153 du premier mouvement de la *Sonate, opus 35* de Chopin encore, aucune main humaine ne semble pouvoir se mesurer à la grandeur de ce passage inouï. Car la terre s'ouvre en deux. Tout comme dans la cadence du *Troisième Concerto* de Rachmaninov ! Ce même Rachmaninov qui déclarait un jour : « Je ne crois pas qu'il faille qu'un artiste révèle trop ses images. Laissez le public imaginer ce que cela lui suggère », et qui a pourtant fini par révéler ce qui fut à l'origine de ses Études-Tableaux, notamment l'*Opus 39 n° 2*, inspiré par la mer et les mouettes, ou l'*Opus 39 n° 6* qui raconte l'histoire du Petit Chaperon rouge et dont l'affolement me fait dresser les cheveux de façon démoniaque à chaque fois que je la joue ! Lorsqu'il fut demandé à Brahms pourquoi il avait joué si vite le dernier mouvement de son *Concerto pour piano en* si *bémol majeur*, il répondit que son cœur battait plus vite ce jour-là… L'implacable Prokofiev, que l'on dit si « méchant », donne à entendre la plus douce des sirènes avec son tendre « Pochissimo meno mosso » du dernier mouvement de son *Concerto pour piano en* do *majeur*, quand Beethoven nous impose une musique extraterrestre avec la grande fugue de la *Sonate Hammerklavier*.

Qu'est-ce que la musique ? N'est-elle pas une communication d'âme à âme ?

Retrouver la musique dans son état *originel*, c'est cela que je désire, que je cherche. Quel est le son du vent ? Peut-on en donner une définition ? Qui détient la vérité sur la manière de l'interpréter ? Chacun n'est-il pas libre de l'entendre en son cœur afin d'y créer son propre monde sonore ? Libres, oui, nous sommes libres, comme le préconise Chopin encore à Emilie von Gretsch : « Quand vous êtes au piano, je vous donne plein pouvoir de faire tout ce que vous voulez ; suivez librement l'idéal que vous vous êtes créé et que vous devez sentir en vous ; soyez bien hardie, bien confiante en votre pouvoir et votre force, et ce que vous direz sera toujours bien. » Ou à cet autre élève, Carl Filtsch : « Nous comprenons cela tous les deux d'une façon différente, mais va ton train, fais comme tu sens, cela peut aller aussi de cette façon. »

La musique est née dans le son du vent, elle prend sa source dans le bruit des rivières, dans le mouvement des poissons – elle était là déjà sous le pont d'Anyang, dans la langueur des algues qui bouleversaient mes yeux d'enfant. La musique est la nature, et plus encore : son écho. Elle donne à entendre cette perfection du flux irrégulier de tout ce qui est vivant. Vagues qui viennent mourir avec une cadence répétée sur le sable, mais toujours uniques, toujours singulières ; chant de l'oiseau interrompu et qui repart ; pluies torrentielles et bruines de printemps ; mousson du souffle intérieur, rubato de l'âme, cœur qui bat, qui s'accélère, qui a peur, qui se retient, rougeur des joues dans l'émotion, mains moites, corps vivant !

Le rubato, c'est ce qui fait palpiter et frémir la musique. Chopin ne l'a pas inventé. Le rubato *est* la musique. Il court dans les forêts profondes et dans le corps des bêtes, il bat dans le sang de l'homme, il vole dans les plumes des hirondelles impatientes avant l'orage, il s'effondre avec les glaciers dans un bruit de géant, il murmure avec les abeilles dans le sexe des fleurs, et c'est à chacun d'en faire danser la voix.

Le 23 novembre 1986, au Concertgebouw d'Amsterdam, un journaliste qui demandait à Vladimir Horowitz ce qu'il pensait du fait qu'on le considère comme le dernier pianiste romantique, se vit répondre :

– Je dirais plutôt que je suis le dernier pianiste individualiste. Je suis personnel et non standardisé, je ne suis pas comme tout le monde. J'ai ma propre conception, alors que les pianistes d'aujourd'hui cherchent à être adaptés aux critiques. Mon héritage artistique descend du XIXe siècle.

Et au même journaliste qui soulignait la perfection exigée par l'industrie du disque, Horowitz répondit :

– Je ne polis pas mon jeu. C'est comme lorsqu'on parle, on peut bégayer ; lorsqu'on marche, on peut tomber, c'est tout à fait humain.

Parce que ce ne sont pas seulement des interprètes mais des créateurs à part entière, on reconnaît immédiatement à l'écoute le jeu d'un Rachmaninov, d'un Ignaz Friedman, d'un Vladimir Horowitz, ou d'un Georges Cziffra, d'un Josef Hoffmann, d'Alfred Cortot, d'Alexandre Rabinovitch-Barakovsky, ou encore d'un Samson François, tout comme on *sait*, dès que Maria Callas se met à chanter, que c'est elle. Évidemment, elle. J'ai pour tous ces artistes musiciens une admiration totale.

La musique est sans limite. Elle surpasse le style ou la personnalité du compositeur. À l'interprète d'en poursuivre la création en apportant à son jeu sa sensibilité et sa singularité uniques. Et cela suppose de prendre des risques. C'est-à-dire d'affronter la peur de l'inconnu et une certaine angoisse, mais quel pas de géant.

Si l'on veut goûter à la vue d'un sommet, encore faut-il oser la montée dangereuse qui y mène... quitte à échouer et à recommencer. Cela induit un effort de titan, mais nos capacités surgissent à la hauteur de ce que nous exigeons d'elles. En travaillant sans relâche, on atteint la maîtrise suprême de l'œuvre, et alors on est prêt à se mettre tout entier à son service. À perdre tout contrôle pour s'abandonner à elle. Certes, il y a le corps. Mais peut-on adapter la musique aux limites du corps ? N'est-ce pas rabaisser la musique à l'idée d'un certain confort ? Oui, j'ai parfois les doigts en sang à force de jouer. Mes empreintes digitales se déchirent et se blessent. Oui, j'ai des bosses sur les jambes à cause des pédales et les muscles douloureux d'avoir tout donné. Mais je suis portée par la joie d'aller rencontrer mon soleil ! Vénérable Seongdam Sunim dit que « le corps est l'outil de l'esprit et qu'ainsi, il ne connaît pas de frontière. C'est nous qui lui inventons des limites, les créant ainsi pour de vrai dans la réalité ». On a souvent tendance à distinguer le virtuose du musicien, l'instrumentiste de l'artiste, mais la plus haute idée musicale ne sert de rien si elle ne possède pas l'outil pour s'accomplir et ainsi, plus haute est l'idée musicale, plus exigeantes seront la technique et la virtuosité. Mais l'art vaut tous les risques.

Ce sont ceux que je prends au Conservatoire pendant trois longues années. Les études durent quatre ans mais je décide de passer mon diplôme au bout de trois. Je sors première nommée et me présente aussitôt au concours Flame de Paris, malgré cette magistrale réplique du compositeur hongrois Béla Bartók dont je vais bientôt découvrir la pertinence : « Les concours, c'est pour les chevaux ! »

J'ai besoin de gagner ma vie, or la présidente du concours m'attribue le grand prix avec bienveillance et m'organise quelques concerts à Salzbourg. Je crois ainsi que ma carrière d'interprète est lancée. Mais la vie est beaucoup plus espiègle que je ne l'imagine. Et mon rapport à la musique bien plus absolu.

En Belgique

J'AI VINGT ANS. Les huit dernières années que je viens de vivre ont été éprouvantes. J'ai accepté un système de compétition hors norme pour accéder à un niveau de formation exceptionnel. J'ai passé concours et examens avec enthousiasme et passion, mais je sens bien que quelque chose en moi s'épuise dans ce rapport au monde. Ma liberté d'esprit ne trouve plus là à s'épanouir. Et les conseils incessants de mon entourage, me suggérant de participer à des compétitions me lassent. Tous ces concours officiels portent le nom de compositeurs dont l'indépendance d'esprit ne se serait sans doute guère accommodée de ces affaires qui sont faites en leur nom. J'ai le désir de m'en éloigner. Cependant, lorsque j'entends parler pour la première fois d'un centre, créé par la famille royale belge, proposant des conditions de vie remarquables, je décide de me présenter à cet ultime examen. J'ai vingt ans, oui, je suis jeune mais quelque chose en moi a besoin d'un répit. Ou plutôt *quelqu'un* en moi a besoin que l'on prenne soin de lui.

Fondée en 1939, la Chapelle musicale Reine Élisabeth est l'une des plus prestigieuses de Belgique, qui vise à accompagner la formation de jeunes musiciens et compositeurs. Entièrement dédiée à la musique, elle offre à ses lauréats, en plus du gîte et du couvert, un cadre dans un magnifique bâtiment au cœur de la nature, un piano à queue personnel et un chauffeur. Une sorte d'idéal. L'école ne prend qu'un seul pianiste par an. En 2007, je suis cette pianiste. Et pour la première fois peut-être, je peux me reposer sur quelqu'un d'autre que moi-même. J'ai devant moi plusieurs années. Mon titre de séjour m'a été attribué avec une facilité déconcertante. La demande a été faite par l'institut lui-même, et la secrétaire m'a personnellement accompagnée pour le retirer auprès du responsable, qui s'est inquiété de mon confort. Je n'ai pas à me battre pour avoir le droit d'être là, je suis légitime et on me le fait savoir. C'est une douceur nouvelle.

Je me réveille le matin avec le chant des oiseaux que j'aperçois virevolter entre les branches des arbres devant ma fenêtre. Le petit déjeuner est servi dans la grande salle commune où je retrouve chanteurs et violonistes en résidence avec moi. Chaque repas est ainsi préparé et servi par une cuisinière qui prend soin de nous. Lorsque je retourne dans mon appartement, le ménage a été fait et je n'ai plus qu'à m'asseoir à mon piano pour me mettre au travail. Des grands arbres du parc bruisse une paix tranquille. Qu'il me semble loin mon garage avec ses rats et sa solitude coupante... Une vie s'installe plus sereine et plus calme.

Régulièrement, je me rends à l'église internationale protestante de Bruxelles dont le pasteur est coréen. J'aime son enseignement que je suis chaque dimanche en tant que traductrice bénévole. Je découvre ainsi davantage du Christ et, à travers lui, de ma mère qui s'était convertie au protestantisme dans sa jeunesse avant de redevenir bouddhiste.

C'est une part de mon enfance que je retrouve à l'église. La Corée du Sud est peuplée d'églises protestantes dont les croix rouges scintillantes dans la nuit ont accompagné mes premières années. Lorsque certains soirs, sur la terrasse de l'immeuble de mon père, je guettais un signe du retour de ma mère, elles semblaient se dresser dans l'obscurité naissante comme autant de gardiens bienveillants, manifestations lumineuses de ma bonne étoile dans la nuit.

Dans mon enfance, j'ai longtemps été à l'école du dimanche dans le cadre de mon éducation protestante. Mais je souffrais de ce que les autres religions y étaient jugées comme inférieures. Être bouddhiste, c'était servir Satan ! Et puis il me semblait étrange que les dons de chaque famille soient exposés au mur de l'église, précisant bien la somme et le nom concerné. Cette dîme, équivalant à dix pour cent des revenus mensuels, témoignait ainsi du niveau de vie de chacun et créait, comme le remarquait mon père, une sorte de compétition silencieuse. Le dogme était respecté mais les cœurs restaient fermés. Enfant, je le sentais déjà.

Ma mère fréquentait une église protestante avec une assiduité et un zèle remarquables. Elle s'était convertie de bonne heure à cette religion « moderne » en comparaison de laquelle le bouddhisme faisait figure de « vieillerie ». Et puis, n'était-ce pas une façon d'aller à l'encontre de sa propre mère ? D'échapper ainsi à la peur que les pouvoirs surnaturels de celle-ci avaient créée en elle ? Être protestante, c'était être assurément différente et moderne : une religion « à la mode », en quelque sorte, ce pour quoi ma mère y avait rejoint amis et connaissances. Mon père, lui aussi converti au protestantisme, la suivait assidûment à l'église. Les fidèles venaient souvent à la maison, très nombreux. Ces jours-là, ma mère se levait aux aurores pour préparer seule un grand festin. Elle participait à des veillées avec un groupe de prière. Lors d'une de ces soirées, ma mère se mit à « parler en langues » tout en évoquant des visions. Elle en fut tellement effrayée qu'elle ressentit le besoin de prendre quelque distance et, pendant plusieurs dimanches, ne se rendit pas à l'église. Un matin, les fidèles surgirent dans notre immeuble pour entourer ma mère afin de prier pour elle et « ramener l'agneau égaré sur le droit chemin », de « chasser le diable » entré en elle. Ils revinrent chaque matin avec une telle conviction que ma mère finit par disparaître plusieurs jours pour faire cesser ces séances d'exorcisme.

Par la suite, mes parents fréquentèrent d'autres églises avant de revenir à leur source, le bouddhisme. C'est le cousin de ma mère qui leur fit découvrir l'enseignement de Vénérable Pomnyun Sunim. Malgré l'hostilité manifeste des Coréens à l'égard des bouddhistes dans les années quatre-vingt-dix, ma mère finit par retourner à ses origines religieuses par conviction profonde.

Ainsi, aller à l'église internationale protestante de Bruxelles, c'est un peu rendre visite à mon enfance. Et si je ne suis pas en résonance avec l'interprétation que les hommes ont de la Bible, j'aime les Écritures où se dévoile progressivement à moi la puissance du Verbe. D'une certaine manière, je sais depuis toujours que le Christ n'est ni chrétien ni protestant, que Siddhârta n'était pas bouddhiste, pas plus que le prophète Mohammed n'était musulman. C'est comme pour la musique. Il ne s'agit pas d'enfermer mais d'ouvrir. Sortir des dogmes et des principes étriqués pour aller rencontrer le grand large, là où les notes transmettent amour et compassion, tout comme Jésus ou Siddhârta l'enseignaient avec des mots simples susceptibles de toucher les plus humbles. Si j'aime à ce point la musique, c'est en ce qu'elle est une pratique spirituelle à part entière, libérant, hors de toute censure, notre cœur et notre esprit, et par là une possibilité d'ascension sans pareille.

Il est dit en Corée que le Bouddha se reconnaît dans les yeux d'un Bouddha tandis que le voleur ne voit que des voleurs. Un dimanche de juillet 2007, je suis dans le métro avec des amis musiciens. Nous allons ensemble à l'église. Nous venons de changer à la station Louise, sur la ligne Élisabeth, l'une des plus fréquentées de Bruxelles. C'est un dimanche d'été avec cette moisson de parfums qui circule dans l'air caressant. Un dimanche comme tant d'autres dimanches. Un dimanche neuf dans ma vie neuve. Sur le quai, à droite, j'aperçois une silhouette qui retient mon attention. Celle d'un homme plutôt maigre vêtu d'un manteau noir usé, portant un sac en tissu couvert de taches d'encre multicolores. Il porte un bonnet en plein été comme s'il avait froid. Je ne distingue pas son visage car, tête baissée, il semble réciter un mantra. C'est une sorte de clochard céleste et, malgré son apparence, il se dégage de lui une lumière intense. De là où je suis, j'éprouve à le regarder l'immensité de son être intérieur. Comme un yogi qui traverserait le monde incognito. Un être libre, détaché de ce qui préoccupe l'homme « soumis à la conscience commune ».

Je m'approche. Son visage m'est étrangement familier. Et soudain je suis sûre, c'est lui, je le reconnais, le grand maestro Alexandre Rabinovitch-Barakovsky, cet extraordinaire musicien, pianiste d'exception, chef d'orchestre et compositeur, le seul qui soit si distinctement reconnaissable dès la première mesure, qu'il soit au piano, à la baguette ou au stylo ! Dans sa soif j'ai reconnu la mienne. Cela ne peut pas ne pas être lui. Mes amis musiciens n'en croient rien.

– Tu es folle, c'est un clochard...

Je tremble. Je n'ai jamais abordé quelqu'un dans la rue, je crains de le déranger mais quelque chose en moi me dit que c'est maintenant. Maintenant ou jamais. Je m'approche encore, et lui demande :

– Vous êtes bien le maestro Rabinovitch-Barakovsky ?

Il me regarde, il rit, timide, embarrassé qu'on le découvre, doux, avec cette humilité propre aux grandes âmes. Le métro arrive. Je lui dis combien je l'admire. Cela va vite, nous montons dans la rame, le temps est compté, je le sais, je rassemble mon courage, tout mon courage dans tout mon être pour oser lui demander, vite, demander si mes enregistrements, oui, est-ce que je peux les lui envoyer ? Il dit « D'accord », il écrit son adresse, je plie le papier dans ma poche, à toute vitesse, je descends, est-ce que c'est lui ? Est-ce que vraiment c'est bien lui ? Est-ce que ce n'est pas un rêve ? En arrivant à l'église, je ne suis plus sûre, je suis excitée, j'ai hâte de rentrer, vite, préparer les enregistrements, lui envoyer mon récital pour le prix du Conservatoire de Paris avec les vingt-quatre préludes de Chopin, les huit improvisations de Bartók, la *Valse* de Ravel, un prélude et une fugue de Bach, un enregistrement de la *Campanella* de Liszt et sa fameuse *Sonate*, ma *Sonate* de Liszt enregistrée à quinze ans, je mets tout et j'envoie.

Quelques jours plus tard, je reçois un colis du maestro. Dedans, les disques de ses compositions et des pages entières d'analyse sur mes enregistrements, faisant le point mesure par mesure sur ces grandes feuilles de papier à musique qu'utilisent les compositeurs. Je n'en reviens pas : « Dans le sixième prélude de Chopin en *si* mineur, vous créez la polyphonie entre le merveilleux chant et la ligne de croches, une espèce de plainte par deux. C'est extrêmement raffiné. Vous jouez ces préludes avec une telle inspiration et consonance d'âme. Quelle richesse d'esprit et d'intuition vous avez en vous, tout est si habité. Je reste sans voix. Conservez votre indépendance d'esprit et votre personnalité unique. » Ou encore : « Quelle étonnante sonate pleine de feu et de folie ! Liszt aurait été fasciné par l'acuité de votre intuition et Pâris vous aurait donné sa pomme. » Puis il s'interroge et se soucie de ma capacité à garder ma « force de caractère » pour conserver mon « énergie musicale », soulignant combien c'est une chose que d'avoir des idées, mais une autre que de garder intacte sa personnalité artistique à travers le temps, en dépassant critiques et compliments.

Sa lettre est une cascade de joie à l'intérieur de moi. Quelle merveille : être reconnu par qui l'on reconnaît. D'autant que je découvre dans son colis sa symphonie les *Six états intermédiaires*, créée à partir du *Livre tibétain des morts*, livre qui m'accompagne depuis de nombreuses années et que, dans ma ferveur, j'ai offert à tout mon entourage sans trouver d'écho à mon enthousiasme. Or le maestro non seulement l'a lu mais a composé une symphonie en six mouvements correspondant aux six *bardo* décrits dans le livre !

Sa prière tibétaine, qui succède à la symphonie, me semble directement descendue du Ciel ! Toutes les tonalités musicales existantes y sont présentes qui, telle une roue du Samsara, nous font entrevoir les mille visages de la grande compassion. Je n'ai jamais rien entendu de pareil ! Si Bach incarne le christianisme avec ses deux Passions selon saint Jean et saint Matthieu, c'est l'essence du bouddhisme que manifeste l'œuvre de Rabinovitch-Barakovsky où je perçois avec quelle subtilité il emploie la symbolique des nombres, créant cette exaltation spirituelle qui, à la manière d'un mantra inlassablement répété, conduit à l'illumination. *Om Mani Padme Hum.* Alors, je reconnais son courage et sa force d'avoir su conserver cette singularité intemporelle, au-delà des époques et des modes. Comment, dans l'univers musical des années soixante-dix, a-t-il même osé exposer ses compositions, si différentes de la tendance du moment ?

Mais Beethoven n'a-t-il pas lui aussi connu ces sortes de choses ? Malgré le scandale créé par les premiers accords très innovants qui ouvrent sa *Première Symphonie*, il les réutilisera dans l'ouverture de son ballet *Les Créatures de Prométhée* qu'il composera immédiatement après, affirmant ainsi non seulement sa vision prométhéenne mais aussi son indépendance d'esprit. Il écrira à son éditeur Hoffmeister qui se plaignait des critiques : « Laissez-les parler, ils ne pourront rendre personne immortel par leur bavardage, comme ils ne peuvent priver personne d'une immortalité qu'Apollon seul peut donner. »

Ainsi, je reconnais en Rabinovitch-Barakovsky – que je qualifie très rapidement du surnom de Maestro Céleste – cette indépendance d'esprit que je vais tant aimer chez Beethoven, cette grâce à mes yeux si rare et si profonde : la liberté. Et le visage qu'elle prend alors est celui de la musique unie à la spiritualité. La rencontre de Maestro Céleste, ce n'est pas seulement la rencontre d'un homme ni d'une œuvre mais celle d'une unité possible. La preuve tangible que musique et spiritualité peuvent être une. Et qu'il faut pour cela l'écoute de soi-même et la fidélité au plus précieux de qui l'on est.

Forte de la lettre du maestro, je me mets aussitôt au travail avec une ardeur nouvelle. Mais ici, les choses ont lieu tout autrement qu'autrefois. J'oublie mes peurs et mon angoisse constante. Pour la première fois, je baisse la garde, négligeant cette vérité profonde que la musique est un art exigeant, absolu, et que l'inspiration est accordée seulement à ceux qui s'y donnent entièrement. Me complaisant dans un certain confort, aussi bien matériel que musical, je fais ce qu'on me dit de faire. Cette indépendance d'esprit qui fut mienne et que j'ai défendue si férocement, j'ignore alors qu'elle est plus difficile à gagner qu'à perdre.

Deux mois après mon admission à la Chapelle Reine Élisabeth, je donne mon premier récital où je suis fière d'inviter Rabinovitch-Barakovsky à venir écouter la *Sonate* de Liszt. Ce n'est plus celle de la passion de mes quinze ans que j'offre au public, mais celle de la jeune femme que je suis en train de devenir : plus calme, me dis-je, plus apaisée, mais au fond, pour la première fois, censurée. Là où jadis je jubilais d'incarner au piano l'entrée fracassante du diabolique Méphistophélès, je joue désormais « en mesure » et en « comptant les rythmes », de façon certes *irréprochable*, mais sans aucun lien avec ma lumière intérieure.

Deux jours après le récital, le couperet tombe. La réaction du maestro est sans appel et résonne en moi comme une sentence de mort :

– Votre musique a engraissé. Où est donc passée la *Sonate* de Liszt de vos quinze ans ? Vous ne pouvez plus continuer à recevoir des leçons de piano. Vous n'avez plus besoin de professeurs mais de trouver par vous-même. Neuhaus, le grand pédagogue du conservatoire Tchaïkovski de Moscou, disait : « Vouloir apprendre à celui qui sait, c'est seulement lui faire du tort. »

Qu'est-ce qu'un véritable maître sinon celui qui exige du disciple ce qu'il exige de lui-même, qu'il aille sur son propre chemin, s'étant défait du maître ? Qu'est-ce qui fait la qualité d'une œuvre sinon les sacrifices qu'elle a exigés de son créateur ? La valeur de mon engagement est la valeur de ma vie. À quoi suis-je prête à renoncer pour la musique ? Quel est le sens de mon existence ?

Est-ce ma quête ? A-t-elle priorité sur tout le reste ? Puis-je lui sacrifier mon confort matériel, psychique, affectif au nom de ce qui en moi est plus grand que moi et m'appelle ? Cela se pose. C'est un moment décisif et je le reconnais. Je comprends, comme jamais, combien nos choix sont nos élections. Ils dessinent la cartographie de nos vies et tracent le chemin qui mène aux hautes altitudes.

J'ai vingt et un ans. Je dois choisir. Entre cette vie nouvelle confortable, et le risque de la « vie vivante » au nom de la musique, sans sécurité d'aucune sorte. Une vie d'indépendance dont je connais le prix. Ce qu'elle coûte et la façon dont elle use. Cette vie que j'ai menée depuis l'âge de douze ans, sans repos ni répit et qui réclame encore. À cause de la musique. Parce que je suis à elle plus qu'à quiconque. Parce que c'est elle qui m'a protégée et veillée aux heures de solitude. Parce qu'elle m'a redressée lorsque je suis tombée. Qu'elle m'a tenue quand j'ai eu froid. Quand j'ai eu peur. Qu'elle m'a menée là où personne ne m'attendait, m'a prise par la main pour rejoindre la France, la Belgique, l'Europe, et accomplir mon rêve. Parce que la musique est devenue ma mère. Je lui dois ce que je suis devenue, je le lui dois comme on doit à la vie d'être honoré de vivre. Ce n'est plus ma mère en Corée que je sauve avec mon piano, c'est la musique tout entière à laquelle je me donne. Ma décision est prise. Je vais partir.

Dans mon choix, il y a une fidélité à tous ceux qui avant moi ont choisi. Une fidélité aux compositeurs et aux pianistes, aux poètes et aux peintres, aux écrivains et à tous les anonymes sur la terre qui ont dit non un jour, inspirés par un oui plus vaste. Il y a Siddhârta qui quitte son palais, et le glaive du Christ, il y a tout ce qui tranche en soi et exige, tout ce qui appelle vers l'ailleurs, le plus loin, le plus haut, vers la montagne intérieure, les sommets inconnus. Il y a cette joie folle de la soif, de la quête merveilleuse et secrète.

Ce choix, c'est celui que Rabinovitch-Barakovsky a fait. Or il est bien vivant. Alors que les médias imposent la dictature d'un consensus où chacun cherche à paraître pour mieux exister sans le souci d'être, sa rencontre est la preuve inouïe d'un possible. Et j'éprouve soudain une gratitude infinie de pouvoir vivre dans le même temps que lui. Ma soif, oui, a enfin trouvé un écho, bien vivant dans la sienne.

Je devine que mon choix va susciter réactions et incompréhension. Cela se vérifie. C'est l'inquiétude qui domine au sein de mon entourage, soucieux de mon avenir et de la façon dont je vais désormais pouvoir gagner ma vie. Seul Maestro Céleste me soutient.

Pendant les vacances de Noël, je quitte la Chapelle Reine Élisabeth pour m'installer dans un studio au centre de Bruxelles. Je téléphone à des amis pianistes, j'ai besoin d'argent. Une camarade, qui quitte son poste de professeure de piano pour un an, me propose de la remplacer. Pendant quelques mois, je survis en faisant des allers-retours entre Paris et Bruxelles, et en donnant quelques cours privés. Mes revenus sont maigres mais je n'ai pas besoin de grand-chose.

Une autre aventure a commencé. Celle que nous vivons avec Maestro Céleste dans notre amour commun de la musique. Avec lui j'apprends que donner est une chose naturelle. Non parce que cela *se fait*, mais parce que cela *est*. Son exigence est un don.

– Vous devez avoir sous les doigts et dans votre âme toutes les grandes œuvres de Beethoven, Bach, Chopin, Brahms, Prokofiev, Rachmaninov, Scriabine, Ravel, Debussy et Mozart, car ce ne sont pas seulement des compositeurs, ils définissent tout simplement ce qu'est la musique. La forme de récital de piano est ce qu'il y a de plus difficile car vous êtes seule face au piano, sans aucune compagnie autour de vous, avec cette mission essentielle de transmettre le message musical des œuvres dont vous avez l'entière responsabilité. C'est comme une mise à nu. En récital, quand vous êtes seule avec le piano, le moindre tremblement et la moindre respiration sont perceptibles. Soyez très exigeante avec vous-même, ne tombez pas dans le piège d'interpréter toujours le même répertoire ou les mêmes compositeurs, certains choisissent ce chemin facile et répètent inlassablement les mêmes œuvres pendant dix, vingt, trente ou quarante ans parfois, sous prétexte que leur *nature* est plus proche de certains compositeurs, cela peut arriver, mais ayez soif d'autre chose.

Il incarne ainsi à mes yeux deux des plus beaux

passages du *Sûtra du Diamant*, l'un des grands textes bouddhiques : « Le Bouddha s'adressa à Subhûti en disant : "Les bodhisattva-mahâsattvas maîtriseront ainsi leur esprit : Où il y a le moindre être sensible, qu'il soit né d'un œuf ou d'une matrice, engendré dans l'eau ou par mutation, qu'il y ait forme ou non, qu'il soit doué de pensée ou non, qu'il ait eu une conscience ou non, je les aiderai tous à se libérer pour entrer dans le Nirvâna. Ainsi, bien que libérant les êtres sensibles sans mesures, sans calculs et sans limites, dans la réalité, il n'y a pas d'êtres sensibles qui atteindront cette libération. Qu'est-ce à dire ? Subhûti, si un bodhisattva a l'image de soi-même, l'image d'une personne, l'image d'un être ou l'image d'une âme, alors il n'est pas un bodhisattva. De plus, Subhûti, un bodhisattva qui suit le Dharma ne s'installerait pas dans la pratique de la charité. C'est-à-dire qu'il ne s'installerait pas dans les formes de la charité. Ni même dans les sons, les odeurs, les goûts, les sensations tactiles ou les idées de charité. Subhûti, un bodhisattva serait ainsi charitable sans avoir à assumer de telles images. Pourquoi ? Si un bodhisattva ne s'identifie pas aux images de la charité, sa véritable vertu est incommensurable". »

COMME AUTREFOIS ma mère m'a soutenue, je retrouve avec Maestro Céleste cette joie d'honorer qui m'encourage. La confiance qu'il m'accorde, je souhaite la lui rendre au centuple. C'est ma façon de le remercier d'être là.

Un vrai pianiste domine les œuvres les plus sublimes et les plus difficiles, qu'il sait jouer avec rêverie, poésie et couleurs. Avant l'âge de trente ans, je veux maîtriser les répertoires les plus fondamentaux. Je me lance dans cette aventure et lorsqu'il propose de m'inviter à venir donner un récital au festival de Rode Pomp à Gand, je dis oui. Porter l'intégrale des études de Chopin, l'intégrale des tableaux de Rachmaninov en un concert unique, c'est un rêve impossible, mais il m'en croit capable. Le lieu est prestigieux et je veux rendre hommage à mon maître.

Ensemble nous travaillons sans relâche et j'apprends grâce à lui, à travers l'étude de ces trente-neuf pièces musicales, des subtilités inconnues dans l'art du piano, son toucher. J'apprends à ne plus jamais craindre d'être vraie, à ne jamais mentir. Je prends le risque d'être critiquée, blessée. J'apprends à mourir. Je ne cherche plus bonheur ou célébration mais vérité et amour.

Ce récital, c'est mon épreuve du feu. Je m'y jette avec cette passion qui a toujours été mienne. Et c'est par là que j'entre dans un autre monde.

Maestro Céleste m'a conseillé de filmer la soirée pour diffuser mon travail sur Internet.

– Les maisons de disques vont disparaître, dit-il, il faut faire connaître votre musique dans le monde. Vous ne pouvez plus vous cacher, vous devez être révélée.

J'engage un étudiant caméraman qui filme le concert et monte les images. Dans l'aventure, je suis constamment épaulée par cet imprésario que Maestro Céleste m'a présenté, Richard Bächi, un homme extraordinaire et précieux. Après m'avoir écoutée au Stadtcasino de Bâle dans les trente-neuf œuvres de Rachmaninov et de Chopin, il accepte de me guider par amitié, avec le style et l'élégance qui le caractérisent, à la façon dont les managers travaillaient autrefois, avant que les artistes ne deviennent des « produits » dans l'industrie de la musique classique.

Je ne m'attends à rien et, pour la première fois, je reçois un retour stupéfiant. Ma fougue, mon exigence, ce qui a fait ma différence pendant toute mon adolescence, ce qui m'a valu parfois exclusion et agressivité, sont reconnus comme un don. « L'art est amour, l'art est amour, l'art est amour… » Je répète la phrase comme un mantra que je désire partager avec le monde entier. Des admirateurs m'écrivent, des propositions de concerts arrivent, et Jasper Parrott, éminent imprésario anglais, me contacte pour m'inviter à Londres signer un contrat d'exclusivité. J'ai peine à le croire.

Une fois encore, je suis confirmée dans mon choix. Je suivrai mon instinct, ma nature, j'irai encore plus loin.

Le soutien que m'offrent, depuis, les internautes est toujours une surprise et une joie. Quelle merveille que tous ces êtres qui découvrent Rachmaninov, Chopin ou Beethoven. Ils sont pour moi comme l'Amour invisible, et une source d'inspiration constante.

Rachmaninov affirme que « la musique d'un compositeur doit exprimer le pays de sa naissance, ses amours, sa religion, les livres qui l'ont influencé et les tableaux qu'il a aimés. J'écris la musique que j'entends en moi, aussi naturellement que possible ». J'interpréterai la musique que j'entends. Je veux honorer le maestro, je veux dépasser mes limites. Être joyeusement moi-même.

– Lorsque vous pénétrez profondément l'univers d'un grand compositeur, parce que sa musique est celle d'un éveillé, vous atteignez la nature véritable de son esprit et vous devenez un avec lui. En cela, vous touchez également à votre véritable nature car malgré sa singularité il est relié à ce que l'on pourrait nommer la « conscience unifiée ». Dans l'univers entier, aucun être n'est identique à un autre, mais le Soi véritable, la nature de l'esprit, est bien la conscience universelle. C'est ainsi que la coexistence de la personnalité de l'interprète et du compositeur est non seulement possible mais nécessaire, car ainsi ils deviennent un, me dira Vénérable Seongdam Sunim lorsque je le rencontrerai.

Quelqu'un en moi, tout au fond, le devine déjà.

Je commence l'étude des préludes de Debussy, les vingt-quatre préludes et vingt-quatre fugues du *Clavier bien tempéré* de Bach, l'intégrale des œuvres de Chopin, celle des concertos de Rachmaninov, les œuvres de Brahms et une vingtaine d'autres concertos. À chaque concert qui m'est proposé, je change de programme, multipliant les récitals dans le but de maîtriser les œuvres les plus fondamentales du répertoire pianistique. C'est un défi que je me suis lancé. Durant toute cette période de travail intense, je vis retirée, loin du monde, voyageant seulement pour mes concerts et pour échanger avec l'équipe de EMI Classics. Jasper Parrott m'a introduite auprès d'Andrew Cornall. Ce dandy anglais si raffiné, dont l'élégance ne se limite pas à l'apparence, a produit de nombreux disques récompensés par les Grammy Awards. Il vient d'être élu président de EMI Classics, une maison que j'ai toujours admirée pour ses disques d'Alfred Cortot, Georges Cziffra, Maria Callas, Samson François ou Artur Schnabel, le premier pianiste à avoir enregistré toutes les sonates de

Beethoven. Or, justement, je suis habitée par une nouvelle folie : interpréter en public les trente sonates de Beethoven en huit concerts sur une semaine. C'est ma façon de remercier le maestro : le surprendre, dépasser ses attentes. Mon affaire, pour l'heure, oui, c'est Beethoven.

Jusqu'ici le compositeur m'est toujours apparu comme un musicien classique, imposé par les académies, avec, cependant, cette particularité sensible : son visage inquiétant m'a sans cesse renvoyée à l'image de mon père. Un homme secret et imprévisible, indomptable dans ses colères et dans sa fougue, qui m'intimide autant que m'a toujours intimidée ce dernier. Aller à la rencontre de Beethoven, c'est peut-être apprivoiser mon père. Je ne le sais pas encore lorsque je décide de me lancer dans cette aventure qui va devenir une folle histoire d'amour et de musique.

Ce sont d'abord les milliers de lettres que le compositeur a échangées tout au long de sa vie avec ses contemporains, compositeurs ou non. Je les lis. Puis les biographies détaillées de Brigitte et Jean Massin, Maynard Solomon, Ferdinand Ries, Franz Gerhard Wegeler, l'ami d'enfance de Beethoven, celle de Romain Rolland, les témoignages de Carl Czerny et jusqu'à celui de la voisine qui habitait tout près du compositeur, son carnet intime. Je dévore tout. Je dévore avec la ténacité d'un détective qui cherche à percer une énigme. Celle que la musique dévoile dans son mystère et dont les mots, tels des pèlerins accompagnant le grand voyage, tracent l'intime cartographie qui en dessine les contours.

Mais quelle est la figure que je cherche, l'invisible visage qui se révèle progressivement dans ma découverte de l'homme et de l'œuvre ? Assurément ce n'est pas seulement Beethoven. L'expérience que j'ai faite en choisissant de suivre Maestro Céleste, acceptant de rester au plus près de moi-même, m'a donné du courage, et j'ai maintenant la force de plonger, à travers celle du compositeur, dans l'ombre qui est la mienne : affronter le passé, regarder la nuit en face. C'est à cette époque que je me rapproche de mon père. Je commence à comprendre d'où il vient, ce qu'il est. Et parce que chaque vie humaine contient l'humanité elle-même, l'histoire de Beethoven devient celle de mon père et la mienne.

Aller au plus près de la vérité du compositeur, c'est aller au cœur de moi-même. Je veux retrouver l'origine de sa musique, saisir les conditions intérieures, spirituelles, sociales, historiques de sa vie, sa relation au divin, autant de paramètres qui me conduisent à découvrir des territoires inconnus en moi-même. Je m'autorise enfin à penser ce que je pense lorsque j'entends certains affirmer que Beethoven était fou, que Beethoven était sourd, ou que les métronomes de son époque n'étaient pas performants. C'est leur impuissance que je lis derrière de telles affirmations. La musique est faite pour éveiller les esprits. Beethoven n'a jamais écrit pour les ascenseurs du XXIe siècle ni les restaurants climatisés. Il a écrit une musique de big-bang, de création cosmique. Maestro Céleste sait ces sortes de choses.

Je veux trouver *ma vérité* de Beethoven, l'interprétation singulière qui est la mienne des raisons qui l'ont poussé à écrire cette note-là plutôt que celle-ci. Pourquoi telle œuvre avant telle autre ? Tel instrument avec tel autre ?

« S'il y avait une seule vérité, on ne pourrait pas faire cent toiles sur le même thème », dit Picasso. Il y a autant de Beethoven qu'il y a d'interprètes pour le jouer, et c'est le mien que je désire défendre et faire entendre.

Je devine un homme extrême, capable d'ambitions folles et d'amour secret. Il parle aux princes de la même façon qu'il s'adresse aux hommes simples, il vénère la nature, se promenant chaque jour, y compris les jours de pluie, hurlant et chantant sous l'orage, en compagnie de son disciple et copiste Ferdinand Ries, honteux et tremblant devant tant de liberté et de fougue. Il est amoureux de la beauté des femmes, mais n'est réellement fidèle qu'à la musique. Insoumis, il embrasse la vie avec une énergie devant laquelle je m'incline. « Vous me faites l'impression d'un homme qui a plusieurs têtes, plusieurs cœurs, plusieurs âmes », lui dira Haydn. C'est cela. Ils sont nombreux à l'intérieur de Beethoven et j'aime cette présence foisonnante. Sa musique en témoigne. J'apprends à la connaître jusque dans mon corps. Non sans en avoir visité, pour mieux l'éclaircir, l'histoire et l'inspiration.

Je veux retrouver l'esprit originel de Beethoven,

rendre justice à l'homme, au créateur. La tempête est la tempête, ce n'est pas une promenade en gondole ! La vie est la vie, avec ses hivers et ses folles nuits sombres. Embrasser entièrement la vie, c'est embrasser également les tempêtes. C'est ce dont je veux témoigner. Tout prendre, tout accueillir, tout honorer. C'est le mariage de la vérité et de la musique. Chaque harmonie révèle un fragment d'humanité. En interprétant les trente sonates, je déplie l'humanité en moi, je me déploie.

Lorsque j'entame l'analyse des sonates de Beethoven, c'est la fraîcheur et la nouveauté de son inspiration que je désire transmettre, le choc que sa musique a pu susciter pour ses contemporains. Lorsque Beethoven compose, aucune musique n'a encore été écrite qui soit aussi complexe. Il est l'un des premiers à avoir utilisé le métronome. Sa *Grande Fugue* se joue à une vitesse folle. Elle est presque impossible à interpréter. Mais déformer le tempo, c'est en déformer le sens. Aux interprètes de se surpasser. Si Beethoven l'a écrite ainsi, elle peut être jouée ainsi. Encore aujourd'hui sa musique semble mal comprise. Roger Norrington est peut-être le premier maestro à avoir interprété Beethoven au bon tempo. Il fut pris pour un fou. Le mouvement lent de la *Neuvième Symphonie*, tel qu'il le mène, dure onze minutes, quand la plupart des chefs d'orchestre lui en consacrent dix-neuf. Et pourtant, Beethoven l'a écrite pour onze. « Croyez-vous que je pense à un sacré violon, quand l'Esprit me parle et que j'écris ce qu'il me dicte ? » répondit Beethoven à un violoniste qui se plaignait de la difficulté d'un passage. Cependant, c'est le même Beethoven, fasciné puis las des problèmes posés par l'exactitude du tempo, qui déclara un jour : « Pas de métronome ! Celui qui a un sentiment juste n'en a pas besoin. Quant à celui qui en est dépourvu, le métronome ne lui sera d'aucune utilité ! » Car l'exigence supérieure, comme je l'ai déjà dit, est celle du cœur. C'est ainsi qu'il faut sans doute entendre la phrase d'Alfred Cortot lorsqu'il suggère d'« oublier l'instrument pour ne traduire que l'essentiel, ainsi nous égalerons les plus grands ».

À travers sa musique, je cherche l'homme et inversement. Son parcours m'est un enseignement. Pourquoi ? C'est l'une des questions qui me viennent en lisant sa musique. Pourquoi l'a-t-il écrite ainsi et pas autrement ?

Lorsque Schindler interroge Beethoven sur le sens de sa *Sonate, opus 31 n° 2*, intitulée *La Tempête*, ce dernier lui répond de lire le texte éponyme de Shakespeare. Ce que je fais aussitôt. Je lis *La Tempête*. Je comprends. Je comprends la sonate et je comprends Beethoven. Je comprends enfin le passage si étrange dans le premier mouvement. Personne jusqu'ici n'a pu m'expliquer pourquoi Beethoven semble l'avoir noyé, créant cette sonorité si trouble où toutes les notes se mélangent dans un brouhaha indistinct suscitant aussitôt l'envie de changer de pédale. Or il est bien précisé qu'il y faut une pédale et une seule. En lisant la pièce de Shakespeare, je comprends. La tempête n'est pas un phénomène naturel dans le texte, mais issu des pouvoirs magiques de Prospero, le duc de Milan. Beethoven traduit ainsi l'atmosphère ésotérique du texte en une prière adressée aux forces surnaturelles où le récitatif devient incantation. Il ne cessera, d'ailleurs, par son œuvre et sa vie de témoigner comment l'homme est progressivement soumis, par les coups du destin, à la puissance divine : « Le monde n'a pas été formé par la réunion fortuite d'atomes : des forces et des lois établies, ayant leur source dans l'intelligence la plus sensée, ont été l'origine de cet ordre immuable et ont pu, nécessairement, et non pas fortuitement, découler de ces atomes. L'ordre et la beauté que reflète l'organisation de l'Univers nous démontrent l'existence de Dieu. »

« Soumission-Résignation-Résignation ! Et sachons ainsi tirer encore un profit moral de la détresse la plus profonde et nous rendre dignes du pardon de Dieu. » L'homme qui écrit ces lignes, en 1816, n'est pas celui qui s'indigne quinze années plus tôt, auprès de son ami d'enfance Karl Amanda, contre le Créateur alors qu'il sait désormais que sa surdité est un mal incurable : « Ton Beethoven est très malheureux de vivre en dissension avec la Nature et son Créateur. Plus d'une fois, j'ai déjà maudit ce dernier d'avoir exposé ses créatures à la merci du moindre hasard, si bien que la plus belle fleur aussi en est réduite souvent à dépérir ou être écrasée. » Je perçois sa lutte, et comment l'acceptation de son mal fait de sa résignation un chemin de lumière. Non seulement sa musique en témoigne, mais ses mots le disent : « Résignation, résignation profonde à ton sort ! Seule elle te permettra d'accepter les sacrifices que demande le "service".»

Lorsque je lis, à propos de sa «Lettre à l'immortelle bien-aimée» : «J'ai éprouvé un certain plaisir, comme toujours, quand j'ai heureusement surmonté un obstacle (...)» ou encore à la comtesse Erdödy : «Nous, êtres finis à l'esprit infini, sommes nés seulement pour la souffrance et pour la joie, et on pourrait presque dire que les plus éminents s'emparent de la joie à travers la souffrance», lorsque je lis toutes ces phrases, c'est comme s'il les avait écrites pour moi. Cette joie, cette souffrance, ce sont les miennes, cette vie vivante, cette soif, cet appétit, je les porte, ce sont eux que je veux faire entendre, trente sonates, huit concerts, jouer les sonates dans le tempo du cœur avec lequel elles ont été écrites, j'y arriverai, je le ferai. Pour Maestro Céleste, pour Beethoven, en hommage à la vie.

Chacune des trente sonates est un roman à elle seule, dévoilant en une œuvre monumentale l'essence de la vie d'un homme qui a vécu jusqu'à l'extrême. Les jouer en intégrale, c'est vivre sa vie entière. Ces trente sonates, je décide de les classer non par ordre chronologique comme cela s'est toujours fait, mais par thème, ce qui permet de mieux embrasser les quatre-vingt-dix-neuf mouvements et d'avoir un plan architectural très clair à l'esprit.

Quand j'évoque mon projet, mon entourage qualifie

mon entreprise d'« impossible ». « Impossible » ! Encore ce mot ! On me dit que je suis « trop jeune ». Encore cet argument ! Rabinovitch-Barakovsky, lui, m'encourage. Et mieux, il me fait découvrir l'histoire de l'interprétation de la musique de Beethoven avec les enregistrements des maestros Roger Norrington, John Eliot Gardiner ou Nikolaus Harnoncourt. Il me guide, suivant le long processus de mon travail avec l'œil d'un maître. Je veux donner raison à sa confiance.

La présidente du jury du concours Flame, avec laquelle je suis toujours en contact, me fait rencontrer la responsable de la cathédrale Sainte-Croix des Arméniens de Paris. Là, je pourrais faire entendre *mes* sonates de Beethoven.

Et c'est ce qui a lieu. Un concert par jour pendant huit jours. Chaque sonate inscrite dans la chair de mes doigts. Chaque mouvement comme le pli unique et déployé d'un éventail d'humanité.

C'est une semaine hors du monde, et sans doute l'expérience en concert la plus riche et la plus intense de toute ma vie jusqu'ici. Mes amis musiciens me soutiennent, venant au concert tous les soirs pour honorer avec moi Beethoven, sa musique. Richard Bächi et son épouse viennent exprès de Zurich, ainsi que le philosophe François Piel qui arrive tous les jours une heure avant le début du concert pour assister à mes répétitions. À la fin de la semaine, il me dédiera un magnifique ensemble d'aphorismes.

Quelques mois après le concert à Sainte-Croix,

Andrew Cornall me propose de graver un disque avec les œuvres de Ravel et de Scriabine qu'il vient d'entendre lors d'un récital à Lisbonne. Mais je suis toujours absorbée par Beethoven, encore à lui. Alors je propose à Cornall l'impossible : serait-il prêt à enregistrer l'intégrale des sonates de *mon* Beethoven ? Il me demande quelques jours. Puis me rappelle. La réponse est oui. Une décision validée par la maison mère EMI Classics en Angleterre, mais aussi dans les différents pays d'Europe, aux États-Unis et dans toute l'Asie. La voie est ouverte, ma liberté totale dans l'organisation de l'enregistrement jusqu'à la postproduction. Il accepte également de publier avec les CD le texte que j'ai écrit sur Beethoven.

Pendant vingt-huit jours, nous enregistrons avec Arnaud, l'ingénieur du son, et chaque matin Kazuma, accordeur d'une gentillesse exceptionnelle, vient préparer le piano et porter son attention à la moindre sonorité. Cela dure un mois. Un mois d'une intensité folle, folle et belle, où je vois mon amour s'accomplir, et ma passion pour la musique honorée à sa juste mesure. Et puis il y a ce jour où nous enregistrons *La Tempête*. Un orage effrayant gronde dans le ciel. Et malgré les soucis aux micros, moi je suis heureuse, parce que je sais que Beethoven est là… Et qu'en étant fidèle à moi-même, c'est à lui que je rends hommage.

« Le monde ne m'importe guère, écrit Van Gogh, si ce n'est que j'ai une dette envers lui, et aussi l'obligation, parce que j'y ai déambulé pendant trente années, de lui laisser par gratitude quelques souvenirs sous la forme de dessins ou de tableaux qui n'ont pas été entrepris pour plaire à l'une ou l'autre tendance, mais pour exprimer un sentiment humain sincère. » Avec mon premier enregistrement des trente sonates, je commence d'épeler au monde mon premier « merci ».

LONGTEMPS je suis restée tout près de Beethoven, incapable de le quitter, interprétant d'autres compositeurs presque en cachette, avec cette sensation étrange et coupable de le *tromper*. Et puis Bach est venu. Enfant, je pensais qu'un pianiste véritable maîtrise l'intégrale des sonates de Beethoven et l'intégrale du *Clavier bien tempéré* de Bach. Or peu de pianistes les jouent par cœur. Nous sommes trois ou quatre dans le monde. Dans les vingt-quatre préludes et les vingt-quatre fugues, toutes les tonalités en mode majeur et en mode mineur sont présentes. De là découle qu'ils sont imposés dans la plupart des concours. Mais les élèves les interprètent de façon si conventionnelle alors qu'il faut, au contraire, s'autoriser la plus grande imagination. Non pas seulement la clarté du contrepoint qui, lui, va de soi mais n'est qu'un outil pour atteindre l'inexprimable.

Chopin dit que Beethoven a peint l'univers, mais que Bach est l'architecte de la musique. J'aime l'interpréter en me souvenant qu'il n'est pas seulement le sommet de la musique, mais aussi ce jeune homme organiste qui s'éclipsait à l'heure des sermons pour aller boire et s'amuser avec une fille, provoquant scandale et indignation au sein de l'église de la ville d'Arnstadt. Ce jeune homme bien vivant qui se battait dans la rue avec ses amis était élève et professeur, et idolâtrait, comme la plupart de ses contemporains, Dietrich Buxtehude, la « star » de l'époque en quelque sorte. Il était Jean-Sébastien Bach qui cherchait, lui aussi, à être au plus près de lui-même. Comme chacun d'entre nous.

Mon désir était de maîtriser et de jouer en concert avant l'âge de trente ans les œuvres les plus fondamentales du répertoire pianistique des compositeurs les plus grands. Si aujourd'hui j'ai pu effectivement toutes les explorer et les interpréter en public, le *Concerto n° 2 en* si *bémol majeur pour piano* de Brahms était le dernier qui me manquait. C'est l'un de ceux que je préfère tant il est riche de frémissements, léger, et pourtant ô combien brûlant ! La version de Vladimir Horowitz, avec son beau-père et chef d'orchestre Arturo Toscanini, dure quarante-trois minutes quand la plupart le jouent en cinquante-trois. J'ai souvent entendu dire que ce concerto cachait une philosophie profonde, accessible à quelques élus, alors qu'il s'agit davantage à mes yeux d'une exaltation du cœur presque insupportable. Il a hanté mes réflexions pendant plus de quatorze ans, et j'ai pu finalement l'interpréter comme je le souhaitais lors d'un concert que j'ai donné en mars 2015. Les œuvres de ces grands compositeurs, que je rêvais de jouer depuis toujours pour les partager avec le public, sont maintenant assimilées par mon cœur, mon corps, et il me semble que c'est un autre travail plus subtil qui commence désormais.

« Vouloir donner trop d'enseignement aux enfants revient à tirer sur les jeunes herbes pour les faire pousser plus vite. Un grand encouragement vaut bien mieux qu'un coup de fouet. Ne dites pas à vos enfants qu'ils sont idiots, cela ne vaut pas mieux qu'une expression du visage positif et serein », écrit Yi Hwang, écrivain coréen du XVIe siècle. Je le crois.

Qu'est-ce que le talent ? C'est un élan dans lequel se révèle un amour dont la pratique humble et répétée crée un art. À la modestie j'ai toujours préféré l'humilité. La première vient du latin *modestia*, qui signifie « modération », « mesure », quand la seconde est liée à l'*humus*, la « terre », le « sol ». Pour Vénérable Seongdam Sunim, « l'humilité c'est être conscient de l'interdépendance des êtres ». Quand l'humilité épouse la fierté, l'harmonie advient. Je crois profondément en l'harmonie du monde et qu'elle est invincible. D'autres l'appellent la Source, Dieu, la Conscience universelle, l'Un – moi je la nomme Harmonie.

Vénérable Seongdam Sunim dit encore qu'« il existe autant d'univers que d'êtres vivants et autant de vérités que de musiciens. La réponse à cette question qu'est la vie existe, et en même temps n'existe pas. C'est la voie du milieu. Ce n'est pas un état neutre entre la joie et la colère, entre l'euphorie ou le calme. C'est la façon dont la vérité change selon les circonstances. Cela suppose de cibler juste à chaque situation. Une certaine façon de lâcher prise».

Maintenant, mon défi ne se joue plus dans la maîtrise de telle ou telle œuvre. Il est dans l'unité spirituelle avec le public, que permet la musique. Cela suppose tout autant de travail mais la nature de ce qui le sous-tend a changé. Maintenant, pour moi, c'est un autre chemin qui commence.

C'est le chemin de l'éveil, le chemin du silence. Celui que je rencontre parfois en concert, quand la grâce de la musique œuvre jusqu'à produire cette unité entre la salle et moi. Le piano ouvre à cet espace où nous nous relions les uns aux autres à travers la musique. Alors je suis un avec le monde, avec chacun de ceux venus assister au concert, venus chercher un peu de beauté, à travers cet indicible qu'est la musique. Je ressens combien chacun est présent, disponible, s'offrant à moi dans son essence, dans sa soif que ma soif rejoint par la musique, afin que nous touchions ensemble au silence qui est l'une des formes les plus accomplies de Dieu.

LORSQUE, à douze ans, j'ai quitté la Corée pour venir en France, être libre alors, c'était entrer au Conservatoire national de musique de Paris. Aujourd'hui, je sais qu'il n'y a qu'une seule liberté : la liberté intérieure. Celle que je cherche à travers la musique. Ainsi ma quête, loin d'être achevée, commence à peine.

Et si je suis fière du chemin parcouru, je me sens humble – ô combien ! – devant celui qu'il me reste à entreprendre. C'est le mien. Il n'y en a aucun autre identique dans toute l'histoire du monde. Il a ses jours de faiblesse et de peine, ses veilles de rien, ses matins de labeur, et ses soirs de grâce. Il a ses beautés étranges et ses abandons vulnérables, ses simples fatigues aussi. J'ai cessé de le comparer à celui de quiconque. Je suis consciente qu'il n'est qu'un fil dans l'immense tapisserie que compose l'Univers. Seulement un fil, ni plus ni moins indispensable que tous les autres pour, avec le mien, composer ce paysage infini de l'être.

C'est peut-être Vénérable Seongdam Sunim qui m'a le mieux fait comprendre le caractère si précieux et unique de chacun. Lorsque ma mère l'a rencontré, elle n'a eu de cesse que je le rencontre à mon tour. Car il lui a fait entendre que Bouddha est en chacun de nous, que nous sommes complets et parfaits et qu'il n'y a qu'à « laisser être » cette perfection en soi. Elle ne l'a pas compris seulement avec l'esprit mais avec le cœur. La première fois que j'ai écouté ses enregistrements, j'ai clairement pensé : « Il n'était pas obligé de venir sur la terre et pourtant il est venu *quand même.* » À l'automne 2014, alors que j'étais en tournée en Asie avec sir Roger Norrington et l'orchestre de chambre de Zurich, je suis passée par la Corée. Ma mère a insisté pour que nous allions le voir dans le monastère où il vit au sud du pays, dans la montagne. Nous sommes parties avec mes deux neveux, et j'ai découvert un homme accessible, simple et amical. J'ai tout de suite été frappée par cette impression en le voyant : l'effort qui était le sien de paraître comme tout le monde. Notre échange a duré trois heures et je peux dire que quelque chose a eu lieu.

C'est en hommage à ce *quelque chose* que j'ai invité Vénérable Seongdam Sunim au festival international de piano de Dublin en juillet 2015. Je voulais que la fusion du piano et du chant scandé bouddhiste du vénérable puisse faire percevoir à l'auditeur cette expérience unique du mouvement de l'ombre vers la lumière. C'est celui de chacune de nos vies.

Lorsque je suis partie du monastère avec ma mère, le jour de cette première rencontre, j'ai compris que le temps était venu de m'en remettre à cette force maternelle cosmique que chacun abrite à l'intérieur de soi. Cette fleur si parfumée et si fragile, que m'a toujours semblé être ma mère, n'avait plus besoin d'être protégée.

Quelques mois plus tard, à l'issue d'une longue conversation téléphonique, elle m'a dit avec simplicité et douceur :

– Maintenant, vis ce que tu désires, toi. Fais ce que tu veux, toi.

À Neuchâtel

J'ai choisi de m'installer en Suisse, à Neuchâtel, pour la beauté et la quiétude du lieu. Je suis au cœur de l'Europe. Au nord, il y a l'Allemagne avec Beethoven, sa passion de vivre et de créer, il y a Bach qui, infiniment, me fait trembler. À l'ouest, en France, il y a le cœur de mon adolescence, Chopin et Ravel. À l'est, j'entends Liszt le Hongrois et sa *Sonate* bouleversant mes quinze ans ; plus loin les Russes, Scriabine, Rachmaninov. Au sud, Vivaldi et les *Quatre Saisons* de mon enfance. Un peu plus loin encore, vers l'ouest, le flamenco espagnol fait surgir dans ma mémoire le chant traditionnel de mon pays, le *jitsori* qui, en des voix rauques déchirantes, exalte le cœur meurtri du peuple coréen.

Je suis au cœur de la musique. Au cœur de mon rêve. Avec les filles aux cheveux jaunes, aux yeux bleus et au long nez.

Là-bas je me rassemble après les jours de récital où la multitude bouscule ma solitude. J'ai choisi de vivre en plein centre de la ville. Près de la place du marché, les musiciens des rues et les terrasses des cafés offrent un brouhaha suffisant pour que mon piano ne dérange personne.

Cette rumeur qui vient de la ville m'apaise. J'aime savoir que le monde est là, tout près. Et puis, il y a les mouettes et le lac avec les cygnes qui se dessinent comme des notes blanches sur sa surface lisse et sombre que je fends de mon corps. J'admire la forêt sur les flancs des montagnes au petit matin. Il n'y a personne. L'eau est froide mais la qualité du silence indicible. C'est un peu comme lorsque je joue en concert et que la grâce est là. Par la musique, j'entre dans un lac de silence frais et toute inquiétude m'abandonne. Oui, mon corps se tord de joie et je pleure.

En France, je pleure. Beaucoup. Mes amis sont souvent présents dans le public et c'est un peu comme si je jouais pour eux. En Corée aussi, je pleure. Dans la salle du Seoul Arts Center, la plus grande du pays, je pleure plus que partout ailleurs. Je pleure parce que j'habite enfin pleinement ma demeure. C'est un lieu de sécurité et d'amour, un lieu de pardon et de paix. C'est la demeure du silence. Plus j'habite cette demeure, plus la musique advient.

Parfois, je me souviens de cette fillette de douze ans que j'ai été, de son regard implacable et perçant que je continue à défendre bec et ongles. Je bénis son courage et sa force car c'est à elle que je dois d'être ce que je suis. À elle et à tous ceux qui ont permis, et permettent chaque jour, l'existence de mon art.

Vénérable Seongdam Sunim, lorsque je lui ai parlé de ce livre que je préparais, m'a dit : « Publier un livre nécessite la vie de nombreux arbres. Il faut que votre ouvrage vaille la peine de leur sacrifice. Sinon, à quoi bon ? » Il aime aussi à répéter qu'il y a seulement cinq pour cent de nos actes que l'on peut prétendre avoir accomplis seul. Je suis d'accord.

Qui m'a encouragée pendant toute mon enfance ? Qui a cru en moi ? Qui transporte aujourd'hui mon piano ? Le fabrique ? Qui organise les concerts ? Qui produit les disques ? Qui les écoute ? Qui se rend dans les auditoriums ? Qui ?

Lorsque j'ai fait savoir à mon père qu'un livre allait s'écrire témoignant de mon parcours, il m'a demandé, comme un enfant :

– Pourras-tu préciser que ta musicalité, tu la tiens bien de moi ?

J'entends encore le chant qui était le sien où, à travers sa voix, c'étaient toutes celles de la Corée qui se donnaient, voix blessées et qui chantaient pourtant l'amour de leur pays.

Avec le temps et l'âge, mon père s'est apaisé. Ma mère est devenue le centre, la colonne de toute notre famille, et je vois qu'à leur manière, malgré leur passé déchiré, ils ont inventé ensemble une forme de bonheur.

Ma foi dans la musique vient de là. De ce que la douceur de ma mère n'est pas éteinte. Et qu'ainsi l'on peut croire à la poésie du rubato sur la terre, et au son du silence qui illumine le monde.

Ouvrages cités

Arthur M. Abell, *Entretiens avec de grands compositeurs*, Éditions du Dauphin, 1982.

Ludwig van Beethoven, *Carnets intimes.* Suivis du *Testament d'Heiligenstadt*, Buchet-Chastel, 2005.

Les Lettres de Beethoven. L'intégrale de la correspondance (1787-1827), Actes Sud, 2010.

Alfred Cortot, *Cours d'interprétation*, recueilli et rédigé par Jeanne Thieffry, Slatkine Reprints, 1980.

Jean-Jacques Eigeldinger, *Chopin vu par ses élèves*, Fayard, 2006.

Harold C. Schönberg, *The Great Pianists. From Mozart to the Present*, Simon and Schuster, 1987.

Vincent Van Gogh, *Lettres à son frère Théo*, Gallimard, 1988.

Le lecteur pourra visionner le récital donné le 10 mars 2014 par H. J. Lim au théâtre du Palais-Royal à Paris, sur l'adresse électronique suivante en libre accès :

www.albin-michel.fr/hj-lim.php

Remerciements

Je remercie profondément Thierry Lyonnet et Jean Mouttapa, sans qui ce livre n'aurait pu exister.

Et, bien sûr, Laurence Nobécourt qui a entendu, consolé, exprimé l'absolu et le cri étouffé de mon enfance.

Composition : IGS-CP
Impression : CPI Bussière en janvier 2016
Éditions Albin Michel
22, rue Huyghens, 75014 Paris
www.albin-michel.fr
ISBN : 978-2-226-32022-3
N° d'édition : 21971/01 – N° d'impression : 2018147
Dépôt légal : février 2016
Imprimé en France